Gutes essen, besser leben

NATÜRLICH

Gutes essen, besser leben – das heißt: natürlich essen in feinster Bio-Qualität. Diese Qualität erlaubt keine Kompromisse, weder beim Anbau noch bei der Verarbeitung in der eigenen Küche. In unseren erprobten und durchdachten Rezepten zeigen wir Ihnen, wie Sie sich ganz einfach mit hochwertigen und natürlichen Lebensmitteln lecker, zeitgemäß und rein pflanzlich ernähren können. Wir sind überzeugt: Je mehr gute Lebensmittel Sie für Ihre tägliche Ernährung wählen, desto größer ist Ihr körperliches Wohlbefinden. Zudem wird Sie der natürliche Geschmack hochwertiger Lebensmittel begeistern!

NACHHALTIG

Gutes essen, besser leben – das hat für uns mit nachhaltigem Anbau zu tun. Das bedeutet, dass mit dem Boden, auf dem Lebensmittel angebaut werden, ressourcenschonend umgegangen wird. Diese Bemühungen möchten wir durch den Kauf entsprechender Produkte unterstützen. Zum einen möchten wir dadurch Anstrengungen auf dem Gebiet der nachhaltigen Landwirtschaft honorieren. Zum anderen glauben wir, dass der Verzehr hochwertiger Lebensmittel entscheidend dazu beiträgt, wertschätzend mit sich selbst umzugehen. So gewinnen alle – Menschen, Tiere und Umwelt.

PERSÖNLICH

Gutes essen, besser leben – das sieht bei jedem anders aus. Jeder Mensch hat seine Vorlieben, vielleicht auch Einschränkungen durch Unverträglichkeiten. Selbst, wenn gut für das eigene Wohl gesorgt ist, hat das Kaufverhalten Folgen auf Umwelt und Mitmenschen. Jeder einzelne Verbraucher nimmt entscheidend Einfluss auf die Erzeugung von Lebensmitteln. Der daraus erwachsenden Verantwortung kann er durch gezielten Konsum von zum Beispiel fair gehandelten Produkten nachkommen. Zudem ist es möglich, auf möglichst schonende Verarbeitung zu achten – sowohl im Laden als auch am Kochtopf.

GANZHEITLICH

Gutes essen, besser leben – das heißt, über den eigenen Tellerrand zu schauen. Ganzheitlich bedeutet im Zusammenhang mit Ernährung, dass wir uns der vielschichtigen und globalen Auswirkungen, die unsere Lebensmitteleinkäufe haben, bewusst werden. Im nächsten Schritt handeln wir entsprechend unserer Möglichkeiten. Schließlich ist es so einfach, durch die Kaufentscheidungen, die wir tagtäglich im Supermarkt oder im Bioladen treffen, zu mehr Gerechtigkeit beizutragen. Wir haben es in der Hand, die Welt nach und nach lebenswerter zu machen: für Tiere und Umwelt, für die nachfolgenden Generationen und uns selbst.

„Mögen alle Menschen, die dieses Kochbuch in den Händen halten, ermutigt werden, sich einer natürlichen Ernährung zuzuwenden und ihrem Herzen zu folgen!"

VEGETARISCH
PUR

LAKTOSEFREI / EIFREI
WEIZENFREI / SOJAFREI
101 REZEPTE AUCH GLUTENFREI
ALLE REZEPTE VEGAN

VND

Inhaltsverzeichnis

Frühstück

Suppen

Salate

Hauptgerichte

glutenfrei

Was ist Vegetarisch Pur?

vegetation – vegetare – vegetarisch pur

Im heutigen Sprachgebrauch bedeutet „vegetarisch" eine fleischfreie Ernährung. In der Regel wird der Verzehr von Ei- und Milchprodukten, also Erzeugnisse von lebenden Tieren, akzeptiert. Manche Vegetarier essen darüber hinaus Fisch. Aber ist das die wesentliche, ursprüngliche Bedeutung von „vegetarisch"?

In diesem Kochbuch wird konsequent auf Fleisch, Fisch, Meeresfrüchte sowie auf Ei- und Milchprodukte verzichtet. Damit gehen wir zurück zu den Ursprüngen der vegetarischen Ernährungsweise. Denn das Wort stammt vom englischen Wort „vegetation", Pflanzenwelt, ab, das wiederum seine Wurzel im lateinischen Verb „vegetare" – beleben hat. Und genau darum geht es uns: Um Essen, das mehr als satt macht – Essen, das uns belebt! Was könnte köstlicher sein?

VEGETARISCH PUR enthält Rezepte, die die Ansprüche von KOCHWERTE für die vegetarische Ernährung (siehe Seite 1) praktisch umsetzen. Sie zeigen, dass eine rein pflanzliche, vollwertige Ernährung keinen Verzicht bedeutet, sondern im Gegenteil umfassende Geschmackserlebnisse bietet. Wer sich bewusst ernährt, weiß, dass Essen mit Emotionen wie Freude und Glück verbunden ist, und nutzt dies auch positiv für sich.

Unsere rein pflanzlichen Rezepte bieten Ihnen wahres Soulfood – Essen, das Sie auf allen Ebenen nährt!

Zurück zur belebenden Ernährung

Es spricht einiges für die rein pflanzliche, also vegane Ernährungsweise: Sie ist vorteilhaft für die Gesundheit, und das Bewusstsein wird klarer. Zudem schont sie die Umwelt und entlastet das Klima.

Wir meinen, dass der wahre und volle Wert von Pflanzen für die menschliche Ernährung und Gesundheit mehr umfasst als die Nährstoffe – wenn ihn auch die Wissenschaft noch nicht gänzlich ergründet hat.

Vielleicht kommt der belebende Wert des natürlichen Essens von der Sonnenenergie, die Pflanzen (und Algen) in sich speichern? Oder spielen die sekundären Pflanzenstoffe hier eine wichtige Rolle? Unbestritten ist in jedem Fall, dass eine ganzheitliche Ernährung Zivilisationskrankheiten wie Herz-Kreislauf-Erkrankungen, Bluthochdruck, Rheuma und Arthrose positiv beeinflusst. Somit hat eine rein pflanzliche Ernährung vielfältige Wirkungen auf Körper und Vitalität.

Wir sind lebendige Wesen, und lebendige Nahrung – im Sinne von natürlich und unverarbeitet – nährt unseren Körper und Geist am besten. Zudem sind wir überzeugt davon, dass Pflanzen, die auf einem gesunden, lebenden Boden gedeihen, belebende Eigenschaften aufweisen.

Zurück zum natürlichen Geschmack und zu purer Lebensfreude

Selbst die vegetarische und vegane Ernährung haben sich immer weiter entfernt vom Kochen mit einfachen, unverarbeiteten Lebensmitteln, die noch belebende Eigenschaften aufweisen. Es sind immer mehr vorgefertigte so genannte Convenience-Waren erhältlich, sogar im Bereich der biologischen Ernährung.

Die gesamte Nahrungsmittelindustrie verfolgt eigene Ziele und prägt den Geschmack der Verbraucher – etwa, indem sie einen Einheitsgeschmack aller Produkte fördert. Offenbar fragen sich nur wenige Verbraucher, welche Auswirkungen verarbeitete Produkte mit ihren oftmals zahlreichen Zusätzen auf den Körper haben.

KOCHWERTE hat sich zum Ziel gesetzt, echte Lebensmittel geschmacklich zur Geltung zu bringen. Die vorliegenden Rezepte sind von der riesigen Vielfalt der Natur inspiriert. Wir möchten Sie mit VEGETARISCH PUR ermutigen, mit natürlichen und unverarbeiteten Lebensmitteln zu kochen! Vielleicht treffen Sie im nächsten Schritt die Entscheidung, sich von Produkten mit zweifelhaften Zusatzstoffen zu verabschieden. Wenn Sie neue Prioritäten setzen, können Sie das eigene Ernährungsverhalten nach und nach, sogar grundlegend, verändern.

Machen Sie JETZT den ersten Schritt! Wenn Sie mit dem Besten kochen, was Ihnen die Natur zu bieten hat, gönnen Sie sich nicht nur puren Geschmack. Sondern Sie liefern Ihrem Körper die Nährstoffe, Vitamine und Mineralstoffe, die sein Stoffwechsel benötigt, um richtig zu arbeiten. Ihre Gemütslage, Ihr Denkvermögen und Ihre gesamte Gesundheit können von einem gut versorgten Organismus nur profitieren!

Diese Ernährung ist nicht nur köstlich, sondern auch human

Vollwertige Lebensmittel aus verantwortungsbewusstem und nachhaltigem Anbau gehören unserer Meinung nach zu einer ethisch vertretbaren Ernährung. Wenn Sie die Entscheidung dafür treffen, übernehmen Sie die volle Verantwortung sowohl für sich als auch für andere Menschen und die Umwelt. Nehmen Sie die Chance wahr, das Fundament für ein gutes Leben aller Beteiligter mit zu erschaffen – für Sie selbst, für die Erzeuger und für die Zukunft aller Verbraucher!

Sie fragen sich jetzt vielleicht, ob der VEGETARISCH PUR-Gedanke und den KOCHWERTE-Anspruch überhaupt im Alltag umzusetzen sind. Unsere Antwort lautet: Ja – ganz besonders, wenn Sie bereit sind, die Zusammenhänge zwischen Ernährung und Vitalität im wahrsten Sinne am eigenen Leibe zu erfahren. Wir sind sicher, dass sich Ihr ganzes Wohlbefinden verbessern wird. Besonderen Wert legen wir darauf, dass sowohl Koch-Neulinge wie Geübte unsere Rezepte leicht nachkochen können. Zudem sind die Gerichte schnell zubereitet – in der Regel zwischen 30 und 60 Minuten – und beinhalten nur Zutaten, die gewöhnlich im Supermarkt und Bio-Laden erhältlich sind.

Wie das konkret funktioniert?

Kochen Sie einfach aus diesem Buch – egal, ob Sie jeden Tag VEGETARISCH PUR essen wollen oder nur hin und wieder. Wir wünschen Ihnen, dass Sie den Einstieg in die VEGETARISCH PUR-Ernährungsweise durch dieses Kochbuch finden oder sich darin bestätigt fühlen, Ihren schon begonnenen Weg fortzusetzen.

Ihre KOCHWERTE-Autorengruppe

Der KOCHWERTE-Qualitätsanspruch

· ·

Was uns besonders am Herzen liegt

· ·

✔ Maximal frische Lebensmittel
✔ Minimal verarbeitete Zutaten
✔ Hochwertige Fette und Öle
✔ Keine künstlichen E-Stoffe

Was könnte wichtiger sein als der tagtägliche Aufbau Ihres Körpers? Sie brauchen eine angemessene Menge an Nähr- und Vitalstoffen, um gesund zu bleiben. Ohne die passenden Bausteine kann Ihr Stoffwechsel nicht richtig funktionieren. Diese dem Körper zur Verfügung zu stellen ist das oberste Ziel einer guten Ernährung. Dafür brauchen Sie gute Zutaten. Und nur gute Zutaten bieten puren Geschmack. Doch welche Empfehlungen bieten im Alltag Orientierung? Aus diesen Überlegungen heraus hat der Verlag den KOCHWERTE-Qualitätsanspruch und folgende Einkaufsrichtlinien entwickelt:

✔ Maximal frische Lebensmittel

Lebensmittel sind, wie der Name schon sagt, Mittel, die der Körper zum Leben braucht. Sie dienen diesem Zweck umso besser, je frischer sie sind. Das erreichen Sie, indem Sie Obst, Gemüse und Kräuter saisonal und regional kaufen.

Frische und reife Lebensmittel strotzen vor Geschmack und Vitalstoffen. Kurze Transportwege sorgen dafür, dass Früchte und Gemüse nicht unreif vor ihrer Zeit geerntet werden müssen. Diese Zutaten sind auf dem Wochenmarkt, direkt beim Erzeuger oder im Bio-Markt zu finden. Eine weitere, einfache und praktische Möglichkeit ist es, sich Bio-Kisten nach Hause liefern zu lassen. Verarbeiten Sie alle Zutaten möglichst frisch.

Wir raten zu bester biologische Qualität, um eine Pestizidbelastung zu vermeiden. Durch Ihre Wahl unterstützen Sie gleichzeitig Betriebe, die verantwortungsbewusst und nachhaltig wirtschaften. Konventionelle Produkte sind außerdem oft geschönt und mit bedenklichen Stoffen gefärbt oder überzogen. Lebensmittel, die nicht in Europa angebaut werden können, sollten unbedingt aus fairem Handel erworben werden, um Ausbeutung an Land oder Menschen zu verhindern.

Neben frischen Lebensmitteln spielen auch Nüsse in der glutenfreien und vegetarischen Ernährung eine große Rolle. Obwohl sich Nüsse länger lagern lassen und nicht zwingend erntefrisch gekauft werden müssen, altern auch sie und werden trotz richtiger Lagerung ranzig. Kaufen Sie deshalb zunächst kleinere Mengen, bis Sie Ihren Verbrauch auf längere Zeit einschätzen können. Nüsse sind als Zugabe zu Müslis eine wertvolle, nährstoffreiche Ergänzung und eine gesunde Alternative zu zuckerhaltigen Desserts und Naschereien.

✔ Minimal verarbeitete Zutaten

Unser Körper kann Lebensmittel am besten aufnehmen, wenn sie möglichst naturbelassen sind. Das heißt, er verwendet Nährstoffe, die in ihrem natürlichem Verbund auftreten, am besten. Dieser Verbund wird weitestgehend erhalten, wenn vollwertige Lebensmittel sorgsam zu hochwertigen Nahrungsmitteln oder wohlschmeckenden Mahlzeiten verarbeitet werden.

Produkte der Nahrungsmittelindustrie, die zu Gunsten maschineller Verarbeitung, Haltbarkeit und Konsistenz durch Zusatzstoffe verändert wurden, können den Stoffwechsel hingegen durcheinanderbringen und zu Mangelerscheinungen führen. Wer sich gesund ernähren möchte, sollte von den meisten verarbeiteten Produkten Abstand nehmen und sich seine Mahlzeiten stattdessen selbst frisch zubereiten. Je schonender Sie dies tun, desto mehr Nähr- und Vitalstoffe stehen Ihnen zur Verfügung. Falls Sie verarbeitete Nahrungsmittel verwenden wollen, sollten Ihnen alle aufgeführten Zutaten einzeln als Lebensmittel bekannt sein. So können Sie zu Gunsten Ihres Wohlbefindens entscheiden, ob Sie das gewählte Produkt wirklich verzehren wollen.

✔ Hochwertige Fette und Öle

Hochwertige Fette und Öle enthalten wertvolle Inhaltsstoffe, die sich im Laufe der Zeit abbauen. Deshalb sollten sie nicht unbegrenzt gelagert und konsumiert werden. Nur raffinierte und erhitzte Öle sind sehr lange haltbar – aber leider auch schädlich für die Gesundheit. Vermeiden Sie alle Nahrungsmittel, in denen gehärtete Fette verarbeitet wurden. Gehärtete Fette finden sich besonders häufig in Keksen, süßem Gebäck und salzigen Snacks.

Gute Öle, die Ihren Körper mit den lebensnotwendigen Omega-3- und Omega-6-Fettsäuren versorgen, müssen hingegen schonend verarbeitet worden sein. Kaufen Sie deshalb naturbelassene Pflanzenöle aus kalter Pressung und biologischem Anbau. Wir empfehlen Sonnenblumen-, Oliven-, Hanf-, Erdnuss- und Leinöl. Eine Mischung dieser Ölsorten kann die gute Versorgung mit den wichtigen Omega-3- und Omega-6-Fettsäuren sichern. Hochwertige Öle, wie Hanf- und Leinöl, sollten im Kühlschrank gelagert werden und eignen sich nur für die kalte Verwendung.

Lein- und Hanföl zeichnen sich außerdem durch ihren typischen Eigengeschmack aus. Oftmals bedarf es einer Gewöhnungsphase, bis Sie den Geschmack schätzen und lieben gelernt haben.

Wenige Öle sind zum Andünsten geeignet – beim Anbraten würden sie verbrennen, und es würden sich giftige Transfettsäuren entwickeln. Deshalb niemals Öl oder Fett bis zum Rauchpunkt erhitzen! Für das echte Anbraten, bei dem Bräunung und Röstaromen entstehen sollen, empfiehlt sich ungehärtetes Kokosfett beziehungsweise Kokosöl. Kokosfett ist stabiler und hält Temperaturen über 200 °C unbeschadet aus. Kokosprodukte stammen jedoch leider oft aus bedenklichem Raubbau in Monokulturen, deren Erzeuger keine fairen Preise erhalten. Wir benutzen selten Kokosfett in unseren Rezepten und achten beim Kauf auf biologisch und sozial verträglichen sowie nachhaltigen Anbau. Wir freuen uns darüber, dass es Händler gibt, die Kokosfett und Kokosöl fair gehandelt anbieten.

Ungehärtetes Kokosfett und Kokosöl sind ein wertvoller Beitrag zu einer pflanzlichen Ernährung, weil sie viele darmfreundliche Fettsäuren enthalten und dadurch eine verbesserte Nährstoffaufnahme gewährleisten.

✔ Keine künstlichen E-Stoffe

In verarbeiteten Nahrungsmitteln sind oft Zusätze enthalten, von denen viele chemischen oder tierischen Ursprungs sind. Zusatzstoffe können extrem in den Stoffwechsel eingreifen. Wer streng VEGETARISCH PUR leben möchte, sollte über das Thema gut informiert sein. Zum Beispiel verbergen sich hinter E 120 (Cochenille-Rot), E 901 (Bienenwachs), E 904 (Schellack) und E 913 (Lanolin/Wollwachs/Wollfett) Zusätze tierischen Ursprungs. Es gibt allerdings auch einige unbedenkliche E-Nummern, dazu gehören natürliche pflanzliche Stoffe wie Agar-Agar (E 406) und Johannisbrotkernmehl (E 410).

Unbedingt vermeiden sollten Sie den Geschmacksverstärker Glutamat (E 620–625: Glutamat und Glutaminsäuren). Er steht im Verdacht, Gesundheitsprobleme wie Migräne zu verschlimmern, und kann zu Allergien führen. Außerdem wirkt er appetitanregend. Da Glutamat inzwischen von vielen Verbrauchern nicht mehr akzeptiert wird, setzt die Lebensmittelindustrie zunehmend Hefeextrakt ein. Dieser hat zwar keine E-Nummer, wirkt auf den menschlichen Körper jedoch wie ein Geschmacksverstärker und wird deshalb in unseren Rezepten nicht verwendet.

Fazit

Wir zeigen Ihnen nicht nur, wie Sie gesunde Hauptgerichte kochen können, sondern auch, wie leicht sich typische Fertigprodukte – Soßen, Drinks und Brotwaren – in der eigenen Küche herstellen lassen.

Weitere Empfehlungen für den Einkauf

Getreide und Pseudogetreide

Getreide wie Dinkel, Gerste und Hafer sollten in Vollkornqualität, also mit den wertvollen Randschichten, verarbeitet werden. Auch Reis und so genannte Pseudogetreidearten wie Hirse, Buchweizen, Amarant und Quinoa bereichern die rein vegetarische Ernährung und bieten wertvolle Inhaltsstoffe. Mehl aus frisch vermahlenem Getreide ist ein minimal verarbeitetes Lebensmittel, das dem Stoffwechsel kaum Vitalstoffe vorenthält.

Salz

Salz sollte in Form von natürlichem Salz ohne Rieselhilfen (E-Stoffe) oder Zusatzstoffe verwendet werden. Meer-, Stein- oder Himalajasalz enthält von Natur aus wichtige Spurenelemente und muss nicht künstlich damit angereichert werden. Falls Sie Kräutersalz verwenden möchten, achten Sie darauf, dass das Salz aus einer natürlichen Quelle wie dem Meer und die beigemischten Kräuter aus biologischem Anbau stammen.

Gewürze

Auch Gewürze sind Lebensmittel, bei denen Sie auf die Herkunft und Verarbeitung achten sollten. Für den konventionellen Handel werden sie oft bestrahlt, um ihre Haltbarkeit zu verlängern. Würzmischungen können künstlich zugesetzte Aromen enthalten. Aroma – selbst, wenn als „natürlich" deklariert – ist bedenklich. Unter anderem, da es aus Bakterien- oder Schimmelpilzkulturen stammen kann, die für Allergiker problematisch sind. In jedem Fall ersetzt das billige Aroma ein echtes Lebensmittel und verwirrt Ihren Geschmackssinn. Kaufen Sie Ware in biologischer Qualität, deren Zutaten Sie auch separat als eigenständiges Produkt erwerben und verzehren könnten. Wir empfehlen Einzelgewürze aus biologischer Herkunft.

Zucker

Jede Mahlzeit mit Kohlenhydraten erhöht den Glukosegehalt im Blut. Einfache Kohlenhydrate – insbesondere weißer Zucker (Einfachzucker) – treiben den Blutzuckerspiegel schnell in die Höhe, lassen ihn aber auch rasch wieder absinken, was zu Heißhunger führt.

Durch die Zunahme der industriellen Nahrungsmittelproduktion ist der Zuckerkonsum in den letzten Jahren sprunghaft angestiegen. Denn vor allem Fertigprodukte, die für die tägliche Ernährung immer häufiger verwendet werden, enthalten oft viel Zucker – meist versteckt. Auf der Zutatenliste von verarbeiteten Produkten können Sie verschiedene Zuckerarten finden, die sich hinter Begriffen wie Saccharose, Dextrose, Glukose, Glukosesirup, Maltose und Maltodextrin sowie Fruktose verbergen. Der Verbraucher kann selbst durch das eingehende Studium der Zutatenliste oft nicht eindeutig erkennen, wie viel Zucker ein verarbeitetes Produkt tatsächlich enthält.

Manche Fachleute machen den hohen Zuckerkonsum mit für Bluthochdruck und Diabetes verantwortlich. Das menschliche Gehirn benötigt Zucker in Form von Glukose als Energielieferant. Es reagiert auf die Zufuhr von Zucker mit der Ausschüttung des Glückshormons Dopamin. Genau dieser Vorgang macht die Kontrolle des Zuckerkonsums so schwierig und doch so entscheidend, denn

Lust auf Süßes kann zu einer regelrechten Sucht werden. Einfache Kohlenhydrate wie Stärke oder Weißmehl wirken sich ebenso ungünstig auf den Blutzuckerspiegel aus wie Einfachzucker.

Alternative Süßungsmittel

Weißen Zucker sollte man generell vermeiden, weil er seiner Vitalstoffe beraubt wurde. Wir verwenden in unseren Rezepten Vollrohrzucker – äußerst sparsam – aus fairem und biologischem Handel, der noch einen großen Teil der Vitamine und Mineralstoffe des Zuckerrohrs enthält.

Zum sparsamen Süßen setzen wir außerdem Apfel-, Birnen- und Agavendicksaft sowie Reissirup ein. An Reissirup bemerkenswert ist, dass er den Blutzuckerspiegel nur langsam an- und absteigen lässt und er viele Mineralstoffe enthält.

In jedem Fall handelt es sich bei den genannten Süßungsmitteln um – teilweise stark – verarbeitete Produkte. Aus diesem Grund empfehlen wir, sparsam zu süßen. Dies schärft zudem Ihren Sinn für puren, natürlichen Geschmack und kommt Ihrer Gesundheit zugute.

Fazit

Mit diesen Einkaufsempfehlungen verfügen Sie über eine Richtschnur für Ihre tägliche Ernährung und den Einkauf. Gute Ernährung fußt auf dem Wissen, dass natürliche Lebensmittel Gesundheit und Vitalität erhalten. Mit den hier vorgestellten Rezepten können Sie sich abwechslungsreich und VEGETARISCH PUR versorgen. Weitere Informationen geben wir in unseren Artikeln und der „Einkaufshilfe" zum Download auf **www.kochwerte.de**.

Warum kein Weizen und kein Soja?

Weizen ist ein Getreide mit langer Tradition. Es von einem rein pflanzlichen Speiseplan zu verbannen, wirkt unangemessen und übertrieben. Vollkorngetreide gilt als sehr gesund, als idealer Baustein einer ballaststoffreichen Ernährung. Bei diesem Getreide gibt es eine weit ausdifferenzierte Produktpalette: Brot, Backwaren und Nudeln enthalten natürlich Weizen; Couscous und Seitan sind traditionelle Weizenprodukte; die meisten süßen oder salzigen Knabbereien enthalten ihn. Neben Paniermehl und Frühstücksflocken tritt Weizen aber auch als Zusatzstoff in verarbeiteten Lebensmitteln auf: Stärke, Emulgatoren, Verdickungsmittel, Stabilisatoren, Backtriebmittel und Füllstoffe werden oft aus Weizen hergestellt.

Allerdings ist Weizen ein glutenhaltiges Korn. Und Glutenunverträglichkeit ist nicht nur ein Problem für Menschen, die von Zöliakie betroffen sind. Es gib zudem Stimmen, die darauf hinweisen, dass ein Glutenverzicht aus gesundheitlichen Gründen für alle Menschen zu empfehlen sei. Dies gelte umso mehr, seit der traditionelle Weizen in den 1960er und 70er Jahren von einem ertragsstarken Zwergweizen verdrängt wurde. Dieser enthält offenbar mehr und aggressiveres Gluten. Dieses Klebereiweiß steht im Verdacht, die Resorptionsfähigkeit des Darms einzuschränken, indem es ihn verklebt.

Bei Soja und Weizen ist es einfach, die hier aufgezeigten Bedenken von der Hand zu weisen. Doch wir meinen: Das eigene Wohlergehen sollte es Wert sein, sich abseits der verbreiteten Werbemeinung über Soja und Weizen zu informieren.

Soja gilt in der vegetarischen Ernährung als guter Eiweißlieferant, und es widerspricht sicherlich der allgemeinen pflanzlichen Ernährungspraxis, es nicht in die tägliche Kost mit einzubeziehen. Der Sojaanbau ist ein großes und sicheres Geschäft, das immer noch wächst: Neben Öl, Milch, Eis und Quark aus Soja wird das isolierte Eiweiß der Bohne zu Fleischersatz verarbeitet. Sojalecithin findet sich als ein Emulgator in fast allen verarbeiteten Produkten. Es wird als Pflanzenöl, pflanzliches Protein, pflanzliches Fett, Lecithin, Leguminosenmehl oder E 322 deklariert und ersetzt hochwertigere (und kostspieligere) Zutaten wie Kakaobutter, wenn es darum geht, Schokolade und Aufstriche cremig zu machen.

Ursprünglich war die Sojabohne eine Düngepflanze, die den Boden für andere Pflanzen aufwerten sollte. Ihr verlässliches Wachstum veranlasste die Menschen dazu, sie durch Züchtung für ihr Vieh und schließlich für sich selbst nutzbar zu machen. Ihr hoher Ölanteil verhalf ihr von Amerika ausgehend zum Durchbruch. Interessanterweise tauchten gleichzeitig mit dem sprunghaften Anstieg der Sojaverwendung vermeintliche Beweise dafür auf, dass diese Produkte gesundheitsfördernd seien. Inzwischen melden sich hingegen immer mehr kritische Stimmen, die meinen, dass die angebliche Wunderbohne sogar eher gesundheitsschädlich ist.

Weiterführende Literatur zum Thema:

- „Der Sojawahn" von Norbert Suchanek
- „Die Weizenwampe" von Dr. med. William Davis
- „Lebensmittel" von Michael Pollan

Vegetarisch Pur essen und gut versorgt sein!

Sich VEGETARISCH PUR und auch noch soja- und weizenfrei zu ernähren, kann auf den ersten Blick kompliziert und einschränkend erscheinen. Zudem stehen Vegetarier und Veganer vor der Herausforderung, genügend Eiweiß, Vitamine (vor allem Vitamin B12) und Mineralstoffe (vor allem Kalzium, Eisen, Jod, Zink) zu sich zu nehmen.

Genügend Eiweiß zu bekommen ist kein Problem!

Eiweiß (auch Protein) ist bezogen auf Ernährung eine Sammelbezeichnung für unterschiedliche Bestandteile, die wiederum aus Aminosäuren aufgebaut sind. Jenseits von Soja und Weizen sind zum Beispiel Sprossen, Keimlinge, Hülsenfrüchte, grünes Blattgemüse und Mehle aus verschiedenen Saaten und Kernen sowie Algen hervorragende pflanzliche Quellen für Eiweiß.

Sprossen und Keimlinge sind eine der besten und zudem günstigsten Eiweißlieferanten. Mit geringem Aufwand (Einmachgläser, Mull, Gummiringe) lassen sie sich zu Hause ziehen. Keimlinge bieten alle wertvollen Inhaltsstoffe der Pflanze, die in ihnen angelegt sind, in bester Form: Die Keime, insbesondere die darin reichhaltig vorkommenden Proteine, können – im Vergleich zur ganzen Pflanze – leichter verdaut werden, und die Vitalstoffe sind in vier- bis sechsfacher Konzentration enthalten! All diese Stoffe bleiben bis zum Verzehr optimal erhalten. Auch getrocknete Keimlinge in Rohkostqualität wie Sprossen von Alfalfa (3, s. S. 13), schwarzem Sesam (7, s. S. 13) oder Braunhirse (1, s. S. 13) können als Eiweißlieferanten dienen und einzelne Salat-Mahlzeiten bereichern. Dazu sollten die getrockneten Keimlinge nicht erhitzt werden.

Hülsenfrüchte, die den Verdauungstrakt belasten können, sind als rohe Keimlinge vollkommen verträglich. Eine Ausnahme bilden Kichererbsenkeimlinge. Diese sollten vor dem Verzehr zusätzlich blanchiert werden. Weitere Informationen hierzu finden Sie auf unserer Internetseite **www.kochwerte.de**.

Grünes Blattgemüse kommt auf vielen Speiseplänen zu wenig vor. Dabei gibt es dutzende Arten, die ein riesiges geschmackliches Spektrum abdecken und zudem an Vitalstoffen und sekundären Pflanzenstoffen kaum zu überbieten sind: Neben kultiviertem, grünem Blattgemüse – Spinat, Mangold, sämtliche Arten Kohl und Blattsalate – gehören auch Küchenkräuter, Keimlinge mit Blättern und Wildkräuter wie Löwenzahn und Brennnessel in diese Gruppe. Wir empfehlen, jeden Tag etwas Grünes zu essen.

Mehle aus verschiedenen Saaten und Kernen

In den letzten Jahren werden alte Kulturpflanzen wiederentdeckt, die ebenfalls Proteine liefern: Traubenkernmehl (8, s. S. 13) und Hanfmehl (4, s. S. 13) bieten eine wahre Fülle von Eiweißen. Letzteres enthält sogar alle essentiellen Aminosäuren, die unser Körper durch die Nahrung aufnehmen muss, weil er sie für einen gesunden Stoffwechsel braucht, aber nicht selbst herstellen kann. Es ist außerdem mit einem Gesamtproteingehalt von 47,5 Prozent jedem Steak (mit durchschnittlich 20 Prozent) weit überlegen. Braunhirse/Braunhirsemehl (6, s. S. 13) besticht neben seinem hohen Proteingehalt auch durch einen besonders hohen Mineralstoffanteil.

Die Erdmandel ist trotz des Namens keine Nuss, sondern ein Knollengewächs. Erdmandelmehl (**2**, s. S. 13) enthält Eiweiß und sorgt mit seinem an Nüsse erinnernden Geschmack für Abwechslung. Leinmehl (**9**, s. S. 13) ist ebenfalls ein interessanter kohlenhydratarmer Spender essentieller Aminosäuren. Es bringt viele Vorteile des ganzen Leinsamens mit sich. Allerdings ist Leinmehl deutlich länger haltbar als Leinöl oder die geschroteten Samen, da es vor dem Mahlen entölt wurde. Dank seiner stark quellenden Eigenschaften verleiht Leinmehl Speisen eine cremige Note.

Gemahlen oder als Flocken können diese Proteinspender in Müsli, Suppen oder Getränke gerührt werden. Wählen Sie als Flüssigkeit Wasser, naturreine Säfte oder Smoothies aus frischem Gemüse und Obst. Die meisten Nähr- und Vitalstoffe erhalten Sie, wenn Sie die Mehle und Pulver nicht zu stark erhitzen, sie also in Suppen erst nach dem Aufkochen einrühren.

Algen wie Chlorella und Spirulina enthalten ebenfalls alle essentiellen Aminosäuren und haben zudem einen hohen Gesamtproteingehalt. Sie helfen dem Körper, Giftstoffe wie Schwermetalle auszuleiten. Man kann sie in Form von Presslingen als Nahrungsergänzungsmittel einnehmen. Achten Sie möglichst auch bei ihnen auf die Herkunft aus biologischem Anbau.

Außerdem gibt es Speisealgen wie zum Beispiel die Nori-Rotalgen (**5**, s. S. 13), die durch herrlichen Geschmack und einen hohen Mineralstoffgehalt hervorragen.

Damit wären wir beim nächsten großen Komplex an Stoffen, die Vegetariern und Veganern angeblich durch den Verzicht auf tierische Produkte entgehen.

Vitamine und Mineralstoffe im Fokus

Vitamine und Mineralstoffe sind die Bausteine für die körperliche und geistige Vitalität. Sie sollten durch eine abwechslungsreiche Ernährung aufgenommen werden. Es gibt zwei Vitamine, Vitamin D und Vitamin B12, auf die Vegetarier und Veganer ein besonderes Augenmerk richten sollten.

Während der dunklen Wintermonate kann es hierzulande bei Bevölkerungsschichten jeglicher Ernährungsform verstärkt zu einem Vitamin-D-Mangel kommen. Der Körper kann Vitamin D zum Glück mithilfe von Sonnenlicht bilden, solange es direkt und nicht durch eine Glasscheibe auf die Haut fällt. Deshalb sind Spaziergänge, auch an sonnigen Tagen im Herbst und Winter, zu empfehlen.

Schwieriger stellt sich die Versorgung mit Vitamin B12 dar. Vitamin B12 wird von Mikroorganismen produziert, die hauptsächlich in Fleisch, Fisch und Eiern zu finden sind, die natürlich für die rein pflanzliche Ernährung tabu sind.

Nun stellt sich die Frage, ob es überhaupt möglich ist, mit einer rein pflanzlichen Ernährung den Bedarf an Vitamin B12 zu decken. Nicht nur der Veganer, sondern jeder über 50 Jahren kann von Vitamin-B12-Mangel betroffen sein, der zu schweren gesundheitlichen Schäden führen kann. Jeder Ernährungsbewusste sollte gut über Vitamin B12 informiert sein.

Zu diesem Thema legen wir Ihnen die Veröffentlichungen des Arztes Dr. med. John Switzer auf dessen Webseite www.ein-langes-leben.de sehr ans Herz! Außerdem empfehlen wir Ihnen „Volkskrankheit Vitamin B12-Mangel", ein Buch von Thomas Klein.

Nährstoffe, auf die bei einer rein pflanzlichen Ernährung geachtet werden sollte und worin sie enthalten sind

Nährstoff	Lebensmittel
Eiweiß/Proteine	Quinoa, Amarant, Pilze, grünes Blattgemüse (z. B. Grünkohl, Mangold, Salate), Chlorella, Spirulina, Nüsse, Hirse, Buchweizen, Hanfpulver, Traubenkern- und Süßlupinenmehl
» Essentielle Aminosäuren	Chlorella, Spirulina, Hanfproteinpulver, Süßlupinenmehl
B-Vitamine (B1, B2, B6)	Gemüse (z. B. Spargel, Spinat, Tomate, Zwiebelgemüse [wie Zwiebeln, Porree und Frühlingszwiebeln]), Früchte (v. a. Avocado, Banane), Kräuter (v. a. Schnittlauch, Petersilie), Saaten und Nüsse (v. a. Leinsamen, Mandelkerne, Walnusskerne), Hirse, Kartoffeln
Kalzium	Grünes Blattgemüse (z. B. Grünkohl, Mangold), Kräuter (v. a. Petersilie, Schnittlauch, Kerbel, Kresse), Saaten und Nüsse (v. a. Sesam, Walnusskerne, Haselnusskerne), Traubenkernmehl
Eisen	Quinoa, Amarant, Pilze (v. a. Pfifferlinge), grünes Blattgemüse (z. B. Grünkohl, Mangold) und Zwiebelgemüse, Saaten und Nüsse (v. a. Sesam, Sonnenblumenkerne, Pistazien, Kürbiskerne), Hirse, Traubenkernmehl, Hanfproteinpulver, Spirulina
Jod	Spirulina, in Spuren u. a. in Kartoffeln, Bananen, Mandelkernen, Walnusskernen, Zwiebelgemüse, Schnittlauch
Zink	Quinoa, Amarant, Buchweizen, Saaten und Nüsse (v. a. Leinsamen, Paranuss, Erdnüsse, Walnusskerne, Mandelkerne, Sonnenblumenkerne), Hirse

Obwohl diese Liste mit größtmöglicher Sorgfalt erstellt wurde, dient sie lediglich der Orientierung und um die Vielfalt natürlicher Lebensmittel aufzuzeigen. Quelle v. a. „Lebensmitteltabelle für die Praxis" (Hrsg: Deutsche Forschungsanstalt für Lebensmittelchemie, Freising).

Kleines Putz-ABC

Ananas: Den Strunk und den Blattansatz der Ananas abschneiden. Je nach benötigter Menge die Ananas halbieren oder vierteln und die Schale sowie den in der Mitte liegenden Strunk entfernen. Falls Ananasscheiben benötigt werden, die ganze Ananas schälen und in Scheiben schneiden. Den Strunk aus den Ananasscheiben in der Mitte mit einem scharfen, spitzen Messer herausschneiden.

Austernpilze: Austernpilze ggf. mit einer Gemüsebürste bürsten oder mit Küchenpapier anhaftende Erde entfernen. Die Schnittfläche am Stiel frisch abschneiden.

Avocado: Vollreife Avocado der Länge nach halbieren. Den Kern mit einem Löffel entfernen und das Fruchtfleisch herauslöffeln.

Blattsalate: Bei allen Blattsalaten die äußeren, harten Blätter und den Wurzelansatz entfernen. Die verbleibenden einzelnen Blätter gründlich waschen und in einer Salatschleuder trocken schleudern. Zum Verzehr die Salatblätter in mundgerechte Stücke zupfen.

Brokkoli/Blumenkohl: Brokkoli waschen und die einzelnen Röschen herausschneiden. Den verbleibenden Strunk schälen, in kleine Stücke schneiden und mit den Röschen weiter verarbeiten. Der Brokkolistrunk kann auch für grüne Smoothies weiterverarbeitet werden.

Champignons: Champignons ggf. mit einer Gemüsebürste bürsten oder mit Küchenpapier anhaftende Erde entfernen. Die Schnittfläche am Stiel frisch abschneiden. Bei großen, offenen Köpfen den Stiel herausbrechen und eventuell beschädigte Lamellen entfernen. Die Haut von den Lamellen her vom Champignonkopf abziehen. Champignons sollten ohne Salz angebraten werden.

Chilischote: Chilischote waschen, halbieren und weiße Trennhäute sowie Kerne entfernen. Die Kerne der Chilischote enthalten die meiste Schärfe. Aus diesem Grund sollten Menschen, die darauf sehr empfindlich reagieren, bei der Bearbeitung Einmalhandschuhe tragen.

Feldsalat: Vom Feldsalat die Wurzeln abschneiden, allerdings so, dass die Blätter noch zusammenbleiben. Welke Blättchen entfernen und die Feldsalatsträußchen gründlich waschen.

Fenchel: Vom Fenchel ggf. beschädigte Blätter entfernen oder braune Stellen herausschneiden. Fenchel waschen, der Länge nach halbieren und den Strunkansatz entfernen. Das Fenchelgrün abschneiden, klein schneiden und zum Garnieren über das fertige Gericht streuen.

Frühlingszwiebeln: Von den Frühlingszwiebeln ggf. die Wurzeln und das harte Grün abschneiden bzw. von der Zwiebel abziehen. Anschließend die geputzten Frühlingszwiebeln gründlich waschen.

Grüne Bohnen (frisch): Bohnen waschen und trocken schütteln. Die Enden der Schoten mit einem Messer kürzen und dabei den Faden entlang der Längsseite (in der Bohnennaht) mit abziehen. Grüne Bohnen sollten mindestens 10 Minuten gegart werden, um den giftigen Inhaltsstoff Phasin abzubauen.

Hokkaido-Kürbis: Kürbis gründlich waschen. Die Schale, die mitgegessen werden kann, lediglich auf Druck- oder Schadstellen untersuchen und diese ggf. entfernen. Danach den Kürbis vierteln und das Fruchtfleisch mitsamt der Kerne mit einem Löffel herauslösen. Das Fruchtfleisch nach Rezept zerkleinern.

Knollensellerie: Knollensellerie zur Weiterverarbeitung schälen und waschen.

Kräuter (Dill, Petersilie, Schnittlauch): Kräuter direkt nach dem Einkauf waschen, trocken tupfen und bis zum Gebrauch in ein Glas mit Wasser stellen. Zum Gebrauch die Kräuter fein hacken, wodurch sie ihr Aroma entfalten. Um den Geschmack der gehackten Kräuter zu erhalten, streut man sie meist erst kurz vor dem Servieren über das fertige Gericht. Gehackte Kräuter können problemlos eingefroren werden.

Kräuter (Salbei, Rosmarin, Thymian): Kräuter direkt nach dem Einkauf waschen und trocken tupfen. Sind die Stiele der Kräuter holzig, diese abzupfen und die Stiele nicht mitverarbeiten. Weiche Stiele kann man je nach Rezept im Ganzen weiterverarbeiten.

Mangold: Mangold waschen, den Strunk und ggf. die äußeren Blätter entfernen, falls diese ledrig sein sollten. Die Blattrippe flach abschneiden oder herausschneiden. Für die Weiterverarbeitung alles in dünne Streifen schneiden und die Stücke der Blattrippe immer zuerst andünsten.

Möhren: Möhren gründlich waschen oder bürsten, das Wurzelende und ggf. das Möhrengrün abschneiden. Möhren dünn schälen.

Paprikaschote: Paprikaschote waschen und Deckel abschneiden. Den Stiel aus dem Deckel herausdrücken. Aufgeschnittene Paprikaschote halbieren und weiße Trennhäute sowie Kerne entfernen.

Paprikaschote häuten: Paprika putzen, halbieren und mit der Schnittstelle nach unten auf ein mit Backpapier ausgelegtes Backblech legen. Im Backofen bei 200 °C 15–20 Minuten rösten, bis die Haut dunkle Blasen bildet. Paprika aus dem Ofen nehmen, kurz abkühlen lassen und die Haut abziehen.

Porree: Vom Porree das ledrige Grün und den Wurzelansatz entfernen. Porree längs aufschneiden, auseinanderfächern und unter fließendem Wasser gründlich waschen.

Radieschen: Von den Radieschen die Wurzel abschneiden. Die frischen grünen Blätter abschneiden und für Smoothies verwenden. Die Radieschen nach Rezept weiterverarbeiten.

Rote Beten (frisch): Von den Roten Beten ggf. Wurzel und Blattansatz abschneiden. Danach die Rüben schälen. Um Verfärbungen zu verhindern, dabei Einmalhandschuhe tragen.

Salatgurke: Salatgurke zur Weiterverarbeitung gründlich waschen. Stiel- und Blütenansatz abschneiden. Falls die Gurke geschält werden soll, vom Blüten- zum Stielansatz schälen.

Spitzkohl: Vom Spitzkohl den Wurzelansatz abschneiden. Die äußeren ledrigen Blätter entfernen und den Spitzkohl je nach Größe halbieren oder vierteln und den harten Strunk entfernen. Ansonsten wären nach dem Kleinschneiden des Spitzkohls größere Stücke des harten Strunks im Salat. Für einen Salat den Spitzkohl außerdem vom Ende her in dünne Streifen schneiden.

Staudensellerie: Vom Staudensellerie den Strunkansatz entfernen. Die einzelnen Stängel gründlich waschen und ggf. die äußeren Fäden mit dem Messer abziehen – so, als wolle man die Staudensellerie-Stange schälen, dann lösen sich die Fäden mit der harten Haut ab. Grünes Sellerielaub abschneiden, klein schneiden und zum Garnieren verwenden.

Strauchtomaten: Tomaten waschen, halbieren oder vierteln und den Stielansatz herausschneiden. Für spezielle Gerichte die Kerne und das Fruchtfleisch entfernen.

Tomaten häuten: Tomaten gegenüber dem Stielansatz kreuzweise einschneiden, in ein hohes Gefäß füllen und mit kochendem Wasser übergießen. Nach 5–10 Minuten das Wasser abgießen und die Haut von den Tomaten abziehen. Die Stielansätze herausschneiden und die Tomaten je nach Rezept weiterverarbeiten.

Wirsing: Vom Wirsing die äußeren Blätter entfernen und den Wurzelansatz abschneiden. Wirsing je nach Größe halbieren oder vierteln und den harten Strunk entfernen.

Zucchini: Zucchini waschen, den Stielansatz abschneiden und je nach Rezept weiterverarbeiten.

Frühstück schnell & einfach

ZUTATEN

- 2 EL verschiedene Getreideflocken (z. B. Dinkel-, Hafer-, Hirse-, Amarant-, Buchweizen- oder Reisflocken)
- 1 EL Erdmandelflocken
- 1 EL Braunhirse (gemahlen)
- 1 TL Traubenkernmehl
- ca. 200 ml Mandeldrink (selbstgemacht, siehe Seite 138) oder Wasser
- ✔ ca. 150–200 g frisches Obst (nach Geschmack)
- 4–6 Walnusskerne

ZUBEREITUNG

1. Flockenmischung in eine Schüssel geben.

2. Erdmandelflocken, gemahlene Braunhirse und Traubenkernmehl dazugeben.

3. Mandeldrink oder Wasser darübergießen.

4. Obst waschen, putzen, in Stücke schneiden und mit dem Walnusskernen zu den Flocken geben.

TIPP Anstelle von frischem Obst können Sie auch getrocknetes Obst verwenden.

GUT ZU WISSEN Braunhirse enthält wertvolle Mineralstoffe wie Magnesium, Zink und Eisen. Braunhirse kann, fein gemahlen, Getränken oder Müsli beigemischt sowie roh verzerrt werden. Beim Backen mit Dinkelmehl können 20 % des Mehls durch Braunhirsemehl ersetzt werden.

GUT ZU WISSEN Die Erdmandel spendet wertvolles, leicht verdauliches Eiweiß, Mineralstoffe wie Magnesium, Kalium und Kalzium sowie Vitamin E. Die Erdmandel enthält Fett mit einem hohen Anteil an ungesättigten Fettsäuren. Erdmandeln oder Erdmandelflocken können anstelle von Nüssen in Kuchen- oder Brotteigen verwendet werden.

Hirse-Frühstücksbrei

ZUTATEN

- 3 EL Hirsemehl
- 200 ml Mandeldrink (selbstgemacht, siehe Seite 138) oder Wasser
- 1 EL Erdmandelflocken
- 1 EL Braunhirse (gemahlen)
- Apfel- oder Birnendicksaft
- ✔ frisches saisonales Obst nach Geschmack

ZUBEREITUNG

1. Hirsemehl und Mandeldrink oder Wasser unter Rühren 1–2 Minuten aufkochen lassen.

2. Den Topf von der Herdplatte ziehen und den Brei 2–4 Minuten quellen lassen.

3. Erdmandelflocken und Braunhirse dazugeben und nach Geschmack süßen.

4. Obst waschen, klein schneiden und zum Frühstücksbrei geben.

Reis-Pfannkuchen mit Cranberrys

ZUTATEN

- 200 g Reismehl
- 1 TL Johannisbrotkernmehl (ca. 5 g)
- 400 ml Reisdrink (selbstgemacht, siehe Seite 138)
- 1 Prise Meer- oder Himalajasalz
- Kokosfett (ungehärtet) zum Backen der Pfannkuchen
- 100–150 g Cranberrys oder Rosinen (getrocknet)
- Apfel-, Birnen- oder Agavendicksaft nach Geschmack

ZUBEREITUNG

1. Reismehl und Johannisbrotkernmehl sowie Reisdrink und Salz mit einem Schneebesen zu einem glatten Teig verrühren und diesen 20 Minuten quellen lassen.

2. Etwas Kokosfett in einer Pfanne erhitzen. Jeweils eine Suppenkelle Teig in die Pfanne geben, ca. 1 EL Cranberrys oder Rosinen auf dem Teig verteilen und den Pfannkuchen bei mittlerer Temperatur von jeder Seite backen.

3. Je nach Geschmack Dicksaft auf den Pfannkuchen verteilen.

> **TIPP** Zum Frühstück eignet sich auch ein frisch gepresster Grapefruit- oder Orangensaft.

GUT ZU WISSEN Der Cranberry wird eine hohe Konzentration an Antioxidantien nachgesagt, die eine Erhöhung des Zellschutzes bewirken können. Dadurch soll der Alterungsprozess verlangsamt werden.

Die Cranberrys bestechen durch ihr fruchtig-herbes Aroma. Sie sind bei uns meist nur getrocknet erhältlich.

Anstelle von Cranberrys können auch andere getrocknete Beeren wie Aroniabeeren oder Rosinen verwendet werden.

Grapefruit-Bananen-Smoothie

ZUTATEN

- ✔ 2 Grapefruits
- ✔ 1 Banane
- • 5 Datteln (getrocknet)
- • 1 Msp. Kardamon

ZUBEREITUNG

1. Grapefruit halbieren und auf einer Zitruspresse auspressen. Den Saft in einen Standmixer geben.

2. Banane schälen und mit Datteln sowie Kardamon zum Saft geben.

3. Alles bis zur gewünschten Konsistenz mixen.

> **TIPP** Ein tolles Frühstück für Eilige. Smoothies können in einem geeigneten Gefäß auch gut mitgenommen werden.
>
> Damit die Banane den Smoothie nicht dunkel werden lässt, sollten Sie etwas frisch gepressten Zitronensaft dazugeben.

Erdbeer-Smoothie

ZUTATEN

- • 250 ml Mandeldrink (selbstgemacht, siehe Seite 138)
- ✔ 250 g Erdbeeren
- • 1 Msp. Bourbon-Vanille

ZUBEREITUNG

1. Mandeldrink in einen Standmixer geben.

2. Erdbeeren putzen, mit Bourbon-Vanille zum Mandeldrink geben und bis zur gewünschten Konsistenz mixen.

> **TIPP** Für die Smoothies können Sie je nach Geschmack Erdmandel- oder Braunhirseflocken sowie Lein-, Hanf- oder Traubenkernmehl mit in den Mixer geben.

Grüner Smoothie mit Kohlrabi

ZUTATEN

- ✔ 1 Stängel Staudensellerie
- ✔ ca. 50 g Kohlrabi
- ✔ ½ Avocado
- ✔ ca. 50 g Salatgurke
- ✔ 1 Handvoll Feldsalat
- ✔ 1 Handvoll Endiviensalat
- ✔ 2 Stängel Petersilie
- • 2 EL Zitronensaft (frisch gepresst)
- • 100 ml Wasser
- • ½ TL Meer- oder Himalajasalz

ZUBEREITUNG

1. Gemüse und Salat putzen und klein schneiden.

2. Petersilie waschen und fein hacken.

3. Alle Zutaten mit Zitronensaft, Wasser und Salz in einem Standmixer bis zur gewünschten Konsistenz mixen.

TIPP Besonders wertvoll werden die grünen Smoothies, wenn Sie Gemüse und Salate aus biologischem Anbau und natürliches Wasser (z. B. von der St. Leonhards-Quelle) verwenden.

Grüner Smoothie mit Brokkoli

ZUTATEN

- ✔ ca. 50 g Fenchel mit Grün
- ✔ ca. 50 g Kohlrabi mit Grün
- ✔ ca. 50 g Brokkoli
- ✔ ½ Bund Rucola
- ✔ ca. 50 g Salatgurke
- • 2 EL Zitronensaft (frisch gepresst)
- • 150 ml Wasser
- • ½ TL Kräutersalz

ZUBEREITUNG

1. Gemüse und Salat putzen und klein schneiden.

2. Alle Zutaten mit Zitronensaft, Wasser und Salz in einem Standmixer bis zur gewünschten Konsistenz mixen.

TIPP Die angegebenen Gemüsemengen können je nach Geschmack verändert oder durch andere vorhandene Gemüse oder Salate ausgetauscht werden.

Kartoffelsuppe

ZUTATEN

- 100 g Zwiebeln
- 1–2 EL Olivenöl
- 1,5 l Wasser
- 1 TL gekörnte Gemüsebrühe (hefe- und glutenfrei)
- 1 TL Meer- oder Himalajasalz
- 1 kg Kartoffeln
- ✔ 200 g Möhren
- ✔ 100 g Knollensellerie
- ✔ 100 g Porree
- 1 TL Thymian (getrocknet)
- 1 TL Oregano (getrocknet)

ZUBEREITUNG

1. Zwiebeln häuten, klein schneiden und in einem Suppentopf in Olivenöl 3 Minuten dünsten.

2. Mit Wasser auffüllen. Gemüsebrühe sowie Salz dazugeben und aufkochen lassen.

3. Kartoffeln schälen, waschen und auf einer Rohkostreibe grob reiben, in die Brühe geben und 10 Minuten köcheln lassen.

4. Möhren und Sellerie waschen, schälen und ebenfalls auf einer Rohkostreibe grob reiben, in die Suppe geben und 5 Minuten köcheln lassen.

5. Porree putzen und in sehr dünne Streifen schneiden.

6. Porreestreifen und Kräuter in die Suppe rühren und 10 Minuten auf der ausgeschalteten Herdplatte stehen lassen.

GUT ZU WISSEN Zu dieser Suppe schmeckt frisch gebackenes Brot sehr gut. Dieses sollten Sie schon einen Tag vorher hergestellt oder generell vorrätig haben. Brot lässt sich durch Einfrieren sehr gut bevorraten. Wenn Sie es in Scheiben geschnitten eingefroren haben, können Sie es zu jeder Mahlzeit portionsweise auftoasten.

TIPP Die Suppe lässt sich sehr gut vorbereiten. Die Porreestreifen und Kräuter können beim Aufwärmen dazugegeben werden.

ANSTELLE VON Porree kann auch Petersilie, Zwiebellauch oder Schnittlauch verwendet werden.

Dinkel-Thymian-Baguette Rezept Seite 153

Knabberstangen Rezept Seite 150 ✚

Graupensuppe mit Dinkel-Knabberstangen

ZUTATEN

- ✔ 1–2 Bund Suppengrün (ca. 600 g)
- 100 g Zwiebeln
- 1–2 EL Olivenöl
- 1,5 l Wasser
- 1 EL gekörnte Gemüsebrühe (hefefrei)
- ✔ 250 g Graupen (Gerstengraupen)
- Meer- oder Himalajasalz und Pfeffer (gemahlen, weiß)

ZUBEREITUNG

1. Suppengrün sowie Zwiebeln putzen und klein schneiden. Die Petersilie fein hacken und beiseitestellen.

2. Das geputzte Gemüse in einem Suppentopf in Olivenöl 2 Minuten dünsten.

3. Wasser, gekörnte Gemüsebrühe und Graupen dazugeben, aufkochen und 25 Minuten köcheln lassen.

4. Die Suppe mit Salz und Pfeffer abschmecken und mit der Petersilie bestreuen.

GUT ZU WISSEN Graupen sind geschälte und polierte Gerstenkörner.

ANSTELLE VON Graupen können Sie für die Suppe Hirse oder Quinoa verwenden. Die Kochzeit verändert sich dadurch nicht. Quinoa sollte jedoch vor der Verwendung gründlich gewaschen werden.

TIPP Wenn die Knabberstangen zur Suppe serviert werden sollen, erfordert die Vorbereitung etwas mehr Planung. Vor der Zubereitung der Suppe sollte der Teig für die Knabberstangen hergestellt werden. So können die Knabberstangen backen, während die Suppe köchelt.

Kichererbsenkräcker Rezept Seite 150

··· 34 ···

Grüne Gemüsesuppe mit Kichererbsenkräckern

ZUTATEN

- 100 g Zwiebeln
- 1–2 EL Olivenöl
- 1,5 l Wasser
- 3 TL gekörnte Gemüsebrühe (hefe- und glutenfrei)
- ✔ 500 g Brokkoli
- ✔ 500 g Staudensellerie
- ✔ 1 Bund Suppengemüse
- ✔ 500 g grüne Bohnen (frische oder tiefgekühlt)
- Meer- oder Himalajasalz und Pfeffer (gemahlen, weiß)

ZUBEREITUNG

1. Zwiebeln häuten, in Würfel schneiden und in Olivenöl in einem Suppentopf andünsten.

2. Wasser und gekörnte Gemüsebrühe dazugeben und zum Kochen bringen.

3. Brokkoli, Staudensellerie und Suppengrün putzen und klein schneiden. Die Petersilie vom Suppengrün grob hacken und beiseitestellen.

4. Das klein geschnittene Gemüse sowie die geputzten oder tiefgekühlten Bohnen in den Suppentopf geben und alles 15–20 Minuten köcheln lassen.

5. Die fertige Suppe mit Salz und Pfeffer abschmecken und vor dem Servieren mit der gehackten Petersilie bestreuen.

TIPP Einige frische Sprossen geben der Suppe eine besondere Note und gleichzeitig wertvolle Nährstoffe. Gut eignen sich scharfe Sorten, etwa die Keimlinge von Radieschen und Brokkoli.

GUT ZU WISSEN Die Blätter vom Brokkoli enthalten leicht verwertbares Eisen. Brokkoliblätter nicht wegwerfen, sondern für grüne Smoothies verwenden.

Champignonsuppe mit Mandelmus

ZUTATEN

- 150 g Zwiebeln
- ✔ 500 g braune Champignons
- 1–2 EL Olivenöl
- 750 ml Wasser
- 1 TL gekörnte Gemüsebrühe (hefe- und glutenfrei)
- 1 TL Kräutersalz
- 1 TL Meer- oder Himalajasalz
- 2 EL Mandelmus (dunkel)
- ✔ 1 Bund Schnittlauch
- Pfeffer (aus der Mühle)

ZUBEREITUNG

1. Zwiebeln häuten und fein würfeln.

2. Champignons putzen, in Scheiben schneiden und mit den Zwiebelstücken in einem Suppentopf in Olivenöl andünsten.

3. Mit Wasser auffüllen, gekörnte Gemüsebrühe sowie Kräutersalz und Salz hinzufügen.

4. Mandelmus in die Suppe einrühren.

5. Alles aufkochen und 15 Minuten köcheln lassen.

6. Schnittlauch fein hacken und die fertige Suppe damit bestreuen.

7. Je nach Geschmack mit Pfeffer würzen.

GUT ZU WISSEN Champignons sind kalorienarm, enthalten etwa 3 % Eiweiß, sind für Vegetarier ein vielseitig verwendbares Lebensmittel und können sogar roh im Salat gegessen werden.

TIPP Falls Sie selbst gebackenes Vollkornbrot zur Champignonsuppe essen möchten, finden Sie Rezepte dazu ab Seite 148.

ANSTELLE VON braunen Champignos können Sie für diese Suppe auch weiße Champignons oder Kräutersaitlinge verwenden.

Brokkolisuppe püriert

ZUTATEN

- 150 g Zwiebeln
- 1–2 EL Olivenöl
- 1 l Wasser
- 1 TL gekörnte Gemüsebrühe (hefe- und glutenfrei)
- 1 TL Meer- oder Himalajasalz
- 1 TL Kräutersalz
- ✔ 1 kg Brokkoli
- 2 EL Mandelmus (weiß)
- 2 EL Zitronensaft (frisch gepresst)
- ✔ 1 Bund Petersilie (glatt)
- 100 g Pinienkerne (geröstet)

ZUBEREITUNG

1. Zwiebeln häuten, fein würfeln und in einem Suppentopf in Olivenöl andünsten.

2. Mit Wasser auffüllen, gekörnte Gemüsebrühe sowie Salz und Kräutersalz hinzufügen.

3. Brokkoli putzen und in Röschen schneiden.

4. Die Brokkoliröschen in die Brühe geben, aufkochen und 15 Minuten köcheln lassen.

5. Die Suppe von der Herdplatte ziehen, Mandelmus sowie Zitronensaft einrühren und vorsichtig mit dem Stabmixer pürieren.

6. Petersilie fein hacken.

7. Pinienkerne in einer trockenen Pfanne goldgelb anrösten.

8. Die Suppe in Teller füllen, gehackte Petersilie und Pinienkerne auf der Suppe verteilen.

Gebratene Banane

ZUTATEN

- ✔ 4 Bananen
- 1 EL Kokosfett (ungehärtet)
- 1–2 TL Vollrohrzucker
- 1 TL Kardamon

ZUBEREITUNG

1. Bananen schälen, in Scheiben schneiden und in einer Pfanne in Kokosfett von jeder Seite 2 Minuten anbraten.

2. Die Bananenscheiben vor dem Servieren mit Vollrohrzucker und Kardamon bestreuen.

Dinkelvollkornbrot Rezept Seite 151

Grüne Spargelsuppe

ZUTATEN

- 250 g Kartoffeln
- 100 g Zwiebeln
- 1–2 EL Olivenöl
- 1,2 l Wasser
- ✔ 1,5 kg grüner Spargel
- 1 TL Kräutersalz
- 1 Msp. Pfeffer (gemahlen, weiß)
- Zitronensaft (frisch gepresst)
- Meer- oder Himalajasalz

TIPP Falls Sie zur Spargelsuppe selbst gebackenes Vollkornbrot essen möchten, finden Sie Rezepte dazu ab Seite 148.

Die Spargelsuppe eignet sich bei einem mehrgängigen Menü auch als Vorspeise.

ZUBEREITUNG

1. Kartoffeln schälen, waschen und in Würfel schneiden.

2. Zwiebeln häuten, in Würfel schneiden und in einem Suppentopf in Olivenöl 3 Minuten dünsten.

3. Die Kartoffelstücke sowie Wasser dazugeben und alles zum Kochen bringen.

4. In der Zwischenzeit Spargel waschen.

5. Die Schnittstelle des Spargels frisch anschneiden und ggf. das untere Drittel des Spargels schälen. Die Spargelspitzen (ca. 3cm) abschneiden und beiseitestellen.

6. Die übrigen Spargelstangen in ca. 1 cm große Stücke schneiden und ins Wasser geben. Kräutersalz und Pfeffer dazugeben und 15 Minuten köcheln lassen.

7. Danach die Suppe mit einem Stabmixer pürieren. Zitronensaft und Salz nach Geschmack dazugeben.

8. Die Spargelspitzen in die Suppe geben, alles noch einmal aufkochen und 5 Minuten köcheln lassen.

GUT ZU WISSEN Grüner Spargel wächst über der Erde. Durch das Licht erhält er seine Farbe und mehr wertvolle Inhaltsstoffe als die weiße Variante.

Grünen Spargel brauchen Sie in der Regel nicht zu schälen. Sind die Spargelstangen am unteren Ende holzig, schneiden Sie sie dort ab. Die Stelle, an der der Spargel abgestochen wurde, sollte frisch angeschnitten werden.

Pürierte Gemüsesuppe

ZUTATEN

- 100 g Zwiebeln
- 1-2 EL Olivenöl
- ✔ 2 Bund Suppengrün (ca. 750 g)
- 1 l Wasser
- 1 TL Meer- oder Himalajasalz
- 1 TL gekörnte Gemüsebrühe (hefe- und glutenfrei)

ZUBEREITUNG

1. Zwiebeln häuten, klein schneiden und in Olivenöl in einem Suppentopf andünsten.

2. Suppengrün putzen und klein schneiden. Petersilie fein hacken und beiseitestellen. Suppengrün zu den Zwiebeln geben und 5 Minuten dünsten.

3. Wasser, Salz und gekörnte Gemüsebrühe dazugeben, alles zum Kochen bringen und 20 Minuten köcheln lassen.

4. Den Kochtopf von der Kochplatte ziehen, das Gemüse mit einem Stabmixer pürieren und mit der gehackten Petersilie bestreuen.

Apfel-Pancakes

ZUTATEN

- 200 g Dinkelvollkornmehl
- 1 TL Johannisbrotkernmehl (ca. 5 g)
- 200 ml Mandeldrink (selbstgemacht, siehe Seite 138)
- ✔ 200 ml Mineralwasser
- 1 Prise Meer- oder Himalajasalz
- ✔ 2 Äpfel
- Kokosfett (ungehärtet) zum Backen der Pancakes

ZUBEREITUNG

1. Dinkel- und Johannisbrotkernmehl sowie Mandeldrink, Mineralwasser und Salz mit einem Schneebesen zu einem glatten Teig verrühren und 20 Minuten quellen lassen.

2. Äpfel waschen und ungeschält in dünne Scheiben schneiden.

3. Etwas Kokosfett in einer Pfanne erhitzen. Den Teig löffelweise ins Fett geben und je eine Apfelscheibe auf den Teig legen. Die Pancakes von beiden Seiten bei mittlerer Hitze backen.

> **TIPP** Zu den Pancakes können Sie etwas Agaven-, Apfel- oder Birnendicksaft servieren.

INFORMATIONEN
und Empfehlungen zu
Süßungsmitteln finden
Sie auf Seite 11.

Griechischer Salat

ZUTATEN

- ca. 400 g pflanzlicher Käse (Rezept siehe Seite 140)
- ✔ 2 Paprikaschoten
- ✔ 1 Salatgurke
- ✔ 250 g Strauchtomaten
- 100 g Zwiebeln
- ✔ 1 Knoblauchzehe
- ✔ 1 Glas Oliven (entsteint, in Lake, 180 g Abtropfgewicht)
- 2 TL Meer- oder Himalajasalz
- 2 TL Oregano (getrocknet) oder
- ✔ 2 EL Oregano (frisch)
- 6 EL Olivenöl
- 3 EL Zitronensaft (frisch gepresst)

ZUBEREITUNG

Hinweis: Dieses Rezept erfordert etwas Planung und Zeit, da zuerst der pflanzliche Käse hergestellt werden muss.

1. Pflanzlichen Käse herstellen.

2. Paprika und Gurke sowie Tomaten putzen, in kleine Würfel schneiden und in eine Salatschüssel geben.

3. Zwiebeln und Knoblauchzehe häuten, in kleine Würfel schneiden und in die Salatschüssel geben.

4. Oliven ggf. abschütten, klein schneiden und mit den weiteren Zutaten zum Salat geben. Alles gut mischen.

5. Vorbereiteten Käse aus der Form stürzen, in kleine Würfel schneiden. Die Käsewürfel zum Salat geben und unterheben.

6. Den Salat ggf. mit frischem Oregano dekorieren.

GUT ZU WISSEN
Dieser Salat kann sehr gut vorbereitet werden. Er eignet sich auch zum Mitnehmen.

TIPP Für die Optik dieses Salates ist es wichtig, alle Zutaten in gleich große Stücke zu schneiden.

Wer keinen Knoblauch mag, kann ihn einfach weglassen.

GUT ZU WISSEN
Um 400 g pflanzlichen Käse zu erhalten, verdoppeln Sie bitte die Zutaten des Rezepts von Seite 140.

Toastbrot Rezept Seite 157

Möhren-Apfelsalat

ZUTATEN

- ✔ 800 g Möhren
- ✔ 2 Äpfel

Für das Dressing:

- ● 4 EL Lein- oder Olivenöl
- ● 2 EL Zitronensaft (frisch gepresst)
- ● 1 TL Meer- oder Himalajasalz
- ● 2 EL Apfeldicksaft
- ● 100 g Walnusskerne
- ✔ 1 Bund Petersilie

ZUBEREITUNG

1. Möhren putzen und auf einer groben Gemüsereibe in eine Salatschüssel raspeln.

2. Äpfel waschen und rundherum bis auf das Kerngehäuse zu den Möhren grob in die Salatschüssel raspeln.

3. Die Zutaten für das Dressing dazugeben und alles gründlich mischen.

4. Den Salat auf getoastetem Brot servieren.

Zucchini-Möhren-Selleriesalat

ZUTATEN

Für das Dressing:

- ● 4 EL Lein- oder Olivenöl
- ● 2 EL Zitronensaft (frisch gepresst)
- ● 1 TL Kräutersalz
- ● ½ TL Meer- oder Himalajasalz

Für den Salat:

- ✔ 400 g Zucchini
- ✔ 400 g Möhren
- ✔ 300 g Knollensellerie

ZUBEREITUNG

1. Für das Dressing alle Zutaten in einer Salatschüssel verrühren.

2. Das Gemüse waschen, putzen und zum Dressing in die Salatschüssel grob raspeln.

3. Alles gründlich mischen.

TIPP Zu beiden Salaten schmeckt glutenfreies Reisbrot sehr gut, Rezept siehe Seite 156.

Kräcker mit Braunhirsekeimlingen Rezept Seite 160

Fenchelsalat
und Kräcker mit Braunhirsekeimlingen

ZUTATEN

- ✔ 250 g Fenchel
- ✔ 200 g Möhren
- ✔ 15 g Ingwer
- ✔ 125 ml Orangensaft (frisch gepresst)
- ✔ 200 g Zucchini
- ✔ 200 g Äpfel
- • 100 g Walnusskerne

Für das Dressing:

- • 2 EL Zitronensaft (frisch gepresst)
- • 2 EL Leinöl
- • 2 EL Olivenöl
- • 1 TL Meer- oder Himalajasalz

TIPP Der Salat schmeckt auch kalt sehr gut.

ZUBEREITUNG

1. Fenchel putzen und in dünne Streifen schneiden.

2. Möhren putzen und auf einer groben Gemüsereibe raspeln.

3. Ingwer schälen und fein hacken.

4. Orangensaft mit dem gehackten Ingwer, dem Fenchel und den Möhren in einem Kochtopf zum Kochen bringen und 4-5 Minuten köcheln lassen. Alles etwas abkühlen lassen.

5. Die Masse und in eine Salatschüssel geben. Zucchini und Äpfel waschen und auf einer groben Gemüsereibe dazu raspeln.

6. Alle Zutaten für das Dressing zum Salat geben. Walnusskerne darauf verteilen und den Salat vor dem Servieren gut mischen.

7. Der Salat kann sofort lauwarm gegessen werden.

GUT ZU WISSEN Braunhirse ist eine Wildform der Goldhirse. Braunhirse enthält ebenso wie Goldhirse wertvolle Mineralstoffe wie Magnesium, Zink und Eisen. Im Handel sind auch getrocknete Braunhirsekeimlinge erhältlich, die wichtige und für den Körper leicht aufnehmbare Mineralien und Spurenelemente enthalten. Braunhirsekeimlinge können nicht nur fein gemahlen in Smoothies eingerührt, sondern auch über Salate gesteut werden. Der Körper kann so die wertvollen Inhaltstoffe der Keimlinge optimal nutzen.

GUT ZU WISSEN Walnusskerne enthalten einen hohen Anteil an Omega-3-Fettsäure und sollten deshalb regelmäßig verzehrt werden.

Quinoasalat

ZUTATEN

- 250 g Quinoa (rot)
- ✔ 250 g Cocktailtomaten
- ✔ 1 Bund Frühlingszwiebeln
- ✔ 1 Bund Minze
- 1 TL Meer- oder Himalajasalz
- 4 EL Zitronensaft (frisch gepresst)
- 4 EL Olivenöl

ZUBEREITUNG

1. Quinoa in einem Haarsieb unter fließendem Wasser gründlich waschen.

2. Quiona mit 500 ml Wasser in einen Kochtopf geben, aufkochen und 15-20 Minuten köcheln lassen. Gekochte Quinoa in ein Sieb geben, abtropfen und abkühlen lassen.

3. Quinoa in eine Salatschüssel geben.

4. Tomaten waschen und halbieren. Frühlingszwiebeln putzen und in dünne Röllchen schneiden.

5. Minze fein hacken und mit den zerkleinerten Zutaten zur Quinoa geben.

6. Salz, Zitronensaft und Olivenöl zur Quinoa geben und alles gut mischen.

Süßer Hirsesalat

ZUTATEN

- 250 g Hirse
- 100 g Pflaumen (getrocknet)
- 100 g Aprikosen (getrocknet)
- 100 g Datteln (getrocknet)
- 100 g Walnusskerne

Für das Dressing:

- 4 EL Zitronensaft (frisch gepresst)
- 4 EL Mandelmus (weiß)
- 4 EL Leinöl
- 2 EL Apfel- oder Birnendicksaft
- 1-2 TL Meer- oder Himalajasalz

ZUBEREITUNG

1. Hirse in einem Haarsieb unter fließendem Wasser gründlich waschen.

2. Hirse mit 500 ml Wasser in einen Kochtopf geben, aufkochen und 15-20 Minuten köcheln lassen. Gekochte Hirse in ein Sieb geben, abtropfen und abkühlen lassen.

3. Die Hirse in eine Salatschüssel geben.

4. Getrocknete Früchte klein schneiden und mit den Walnusskernen zur Hirse geben.

5. Für das Dressing alle angegebenen Zutaten verrühren und zur Hirse geben. Alles gut mischen.

Gelber Linsensalat

ZUTATEN

- ✔ 250 g gelbe Linsen
- • 150 g Pflaumen (getrocknet)
- ✔ 1 Bund Blattpetersilie
- • 100 g Walnusskerne

Für das Dressing:

- • 4 EL Olivenöl
- • 2 EL Zitronensaft (frisch gepresst)
- • 1 TL Meer- oder Himalajasalz
- • 1 TL Kardamon
- • ½ TL Zimt
- • ½ TL Chilipulver

ZUBEREITUNG

1. Linsen waschen und nach Packungsanleitung weich kochen. Linsen ggf. in einem Sieb abtropfen und abkühlen lassen, dann in eine Salatschüssel geben.

2. Pflaumen klein schneiden und zu den Linsen geben.

3. Blattpetersilie fein hacken und mit den Walnusskernen zu den Linsen geben.

4. Für das Dressing alle angegebenen Zutaten verrühren und alles gut mischen.

TIPP Der Salat eignet sich mit einem Vollkornbrot sehr gut als Reiseproviant.

GUT ZU WISSEN Gelbe Linsen sind geschälte Linsen, die schon nach 15-20 Minuten Kochzeit weich gekocht sind. Sie eignen sich gut für Salate, Suppen und Aufstriche. Gelbe Linsen enthalten hochwertiges Eiweiß und sind leichter verdaulich als ungeschälte Linsen.

ANSTELLE VON getrockneten Pflaumen können Sie ca. 300 g frische Pflaumen verwenden.

Anstelle von Linsen können Sie für diesen Salat die gleiche Menge Quinoa verwenden. Quinoa würde den Salat jedoch geschmacklich etwas herber machen.

Tomaten-Brotsalat

ZUTATEN

- 200 g Schalotten
- 4 EL Olivenöl
- 4 EL Zitronensaft (frisch gepresst)
- 2 EL Vollrohrzucker
- 1 TL Meer- und Himalajasalz
- ✔ 750 g Strauchtomaten oder Cocktailtometen
- 500 g trockenes Brot in Scheiben (Brotrezepte ab Seite 148)
- 1 Bund Petersilie (glatt)

Hinweis: Dieser Salat ist mit bereits vorhandenen Brotscheiben sehr schnell zubereitet.

ZUBEREITUNG

1. Schalotten häuten, halbieren und in einer Pfanne in Olivenöl 4–5 Minuten dünsten.

2. Zitronensaft, Vollrohrzucker und Salz dazugeben und kurz aufkochen lassen.

3. Die Schalotten in eine Salatschüssel geben. Tomaten putzen, klein schneiden und dazugeben.

4. Brotscheiben ggf. toasten und in mundgerechte Stücke schneiden.

5. Petersilie fein hacken.

6. Brotstücke und Petersilie zu den Tomaten geben und den Salat gut mischen.

GUT ZU WISSEN Nur frisches Brot muss vor der Weiterverarbeitung getoastet werden. Brot, das schon etwas angetrocknet ist, muss nur noch klein geschnitten werden.

ANSTELLE VON Schalotten können Sie rote Zwiebeln und/oder Frühlingszwiebeln verwenden.

Wenn Sie Reisbrot, Rezept siehe Seite 156, verwenden, erhalten Sie einen glutenfreien Salat.

TIPP Den Salat erst kurz vor dem Servieren mischen, da das Brot sonst zu weich wird.

Reisbrot Rezept Seite 156

Kartoffelsalat mit Salatgurke

ZUTATEN

- 1,2 kg Kartoffeln
- ✔ 1 Salatgurke
- ✔ 1 Bund Schnittlauch
- ✔ 1 Bund Dill

Für die Mandelmayo:

- 4 EL Mandelmus (weiß)
- 4 EL Zitronensaft (frisch gepresst)
- 4 EL Leinöl
- 12 EL Wasser
- 1–2 TL Kräutersalz
- 1–2 TL Meer- oder Himalajasalz

TIPP Zum Kartoffelsalat schmecken unsere Buchweizenbratlinge sehr gut, siehe Rezept auf Seite 90.

VORBEREITUNG KARTOFFELSALAT

1. Kartoffeln waschen und in Salzwasser gar kochen. Die Kartoffeln abgießen, mit kaltem Wasser abschrecken und etwas abkühlen lassen.

2. Salatgurke waschen, vierteln, in Würfel schneiden und in eine Salatschüssel geben.

3. Kräuter fein hacken und zur Gurke geben.

ZUBEREITUNG MANDELMAYO

4. Mandelmus und Zitronensaft verrühren. Leinöl, Wasser und Gewürze dazugeben und zu einer glatten Creme verrühren.

5. Die Mandelmayo zu den Gurken geben.

FERTIGSTELLUNG KARTOFFELSALAT

6. Kartoffeln pellen, in Scheiben schneiden und zu den Gurken geben.

7. Alles gut mischen.

GUT ZU WISSEN
Für Kartoffelsalat verwenden Sie am besten festkochende Kartoffeln.

Durch das Leinöl in der Mandelmayo bekommt der Kartoffelsalat einen besonders würzigen Geschmack.

ANSTELLE VON Dill und
Schnittlauch können Sie einen Bund Petersilie fein gehackt dazugeben.

Anstelle der Salatgurke können Sie Gewürzgurken verwenden.

Rezept Seite 61 **2**

Rezept Seite 61 **1**

3 Rezept Seite 61

4 Rezept Seite 61

Rohkostplatte gemischt

ZUTATEN

Blattsalate nach Geschmack und Saison (ca. 80–100 g pro Person) z. B.:

- ✔ Rucola
- ✔ Feldsalat
- ✔ Chicorée
- ✔ Radicchio
- ✔ Kopfsalat
- ✔ Eichblattsalat
- ✔ Bataviasalat
- ✔ Friséesalat
- ✔ Endiviensalat

ZUTATEN

Gemüse nach Geschmack und Saison (ca. 200–250 g pro Person) z. B.:

- ✔ alle Blattkohlsorten
- ✔ Brokkoli, Blumenkohl
- ✔ Möhren, Fenchel
- ✔ Rettich, Radieschen
- ✔ Paprika, Tomaten
- ✔ Zucchini, Gurken
- ✔ Champignons (weiß und braun)
- ✔ Frühlingszwiebeln
- ✔ Knollensellerie

ZUTATEN

Frische Kräuter nach Geschmack (ca. 1–2 TL pro Person) z. B.:

- ✔ Schnittlauch
- ✔ Petersilie
- ✔ Dill
- ✔ Kresse
- ✔ Oregano
- ✔ Thymian
- ✔ Basilikum
- ✔ Zitronenmelisse
- ✔ Bärlauch, Koriander

ZUTATEN

Sprossen nach Geschmack (Saaten 3–5 Tage vor Verzehr keimen lassen, ca. 2-3 EL pro Person) z. B.:

- Rotkleesprossen
- Bockshornkleesprossen
- Radieschensprossen
- Rote-Bete-Sprossen
- Linsensprossen
- Kichererbsensprossen (blanchiert)

ZUTATEN

Nüsse und Kerne nach Geschmack (ca. 1 EL pro Person) z. B.:

- Pinienkerne (auch geröstet)
- Sonnenblumenkerne
- Walnusskerne (ggf. gehackt)
- blanchierte Mandelkerne (ggf. gehackt)
- Kürbiskerne

ZUBEREITUNG

1. Salatblätter waschen und trocken schleudern.

2. Gemüse waschen, putzen und je nach Wunsch raspeln oder klein schneiden.

3. Salatblätter und Gemüse anrichten und mit gehackten Kräutern bestreuen.

4. Salatdressing und Sprossen zum Salat servieren.

Dressings zum Salat

Salatdressing mit Senf

 Foto Seite 58

ZUTATEN

- 2 TL Senf (mittelscharf)
- 4 TL Zitronensaft (frisch gepresst)
- 10 EL Olivenöl
- 1 TL Meer- oder Himalajasalz
- 1 EL Birnendicksaft
- 2 EL Wasser

Salatdressing mit Gurke

 Foto Seite 58

ZUTATEN

- ✔ 200 g Salatgurke
- 1 EL Mandelmus (weiß)
- 4 EL Leinöl und 4 EL Wasser
- 2 EL Zitronensaft (frisch gepresst)
- 1 TL Meer- oder Himalajasalz
- 1TL Kräutersalz
- ✔ ½ Bund Dill

Salatdressing mit Tomaten

 Foto Seite 59

ZUTATEN

- ✔ 2 Tomaten (häuten und das Fruchtfleisch entfernen)
- 1 TL Meer- oder Himalajasalz
- 6 EL Olivenöl
- 2 EL Birnendicksaft
- 2 EL Zitronensaft (frisch gepresst)

Salatdressing mit Himbeeren

 Foto Seite 59

ZUTATEN

- ✔ 100 g Himbeeren
- 1 EL Zitronensaft (frisch gepresst)
- 2 EL Birnendicksaft
- 100 ml Olivenöl
- 2 EL Wasser
- 1 TL Meer- oder Himalajasalz

• •

ZUBEREITUNG

1. Alle Zutaten, die für jeweils ein Dressing angegeben sind, in ein hohes Gefäß geben und mit einem Stabmixer pürieren.

Gurken-Möhren-Tomaten-Salat

ZUTATEN

- ✔ 1 Salatgurke
- ✔ 400 g Möhren
- ✔ 400 g Cocktailtomaten

Für das Dressing:

- 4 EL Zitronensaft (frisch gepresst)
- 4 EL Olivenöl
- 2 EL Mandelmus (weiß)
- 2 EL Wasser
- 1 TL Meer- oder Himalajasalz
- ✔ 2 EL Koriander (frisch)
- oder 1 TL Koriander (getrocknet)

ZUBEREITUNG

1. Salatgurke, Möhren und Cocktailtomaten putzen, in kleine Stücke schneiden und in eine Salatschüssel geben.

2. Für das Dressing alle angegebenen Zutaten verrühren und zum Salat geben.

3. Alles gut mischen.

> **TIPP** Dieser Salat schmeckt sehr gut zu Kichererbsenbällchen (Rezept siehe Seite 93).

Radicchio-Frisée-Salat

ZUTATEN

- ✔ 1 kleiner Radicchiosalat
- ✔ 1 Friséesalat

Für das Dressing:

- ✔ 1 Orange
- ✔ 1 Banane
- 1 TL Meer- oder Himalajasalz
- ✔ 2 TL Senf (süß)
- 150 ml Mandeldrink (selbstgemacht, siehe Seite 138)

ZUBEREITUNG

1. Vom Radicchio die Blätter einzeln ablösen, waschen und schalenförmig zusammensetzen.

2. Friséesalat verlesen, waschen, trocken schleudern und klein zerpflückt in die Radicchioschalen füllen.

3. Orange und Banane schälen, mit den weiteren Zutaten in ein hohes Rührgefäß geben und mit einem Stabmixer pürieren.

4. Das Dressing auf dem Friséesalat verteilen.

Feldsalat mit Paprika & Tomaten

ZUTATEN

- ✔ 1 Paprikaschote (rot)
- ✔ 150 g Cocktailtomaten
- ✔ 250 g Feldsalat
- 80 g Walnusskerne

Für das Dressing:

- 2 EL Zitronensaft (frisch gepresst)
- 3 EL Kürbiskernöl
- 3 EL Walnussöl
- ½–1 TL Meer- oder Himalajasalz

ZUBEREITUNG

1. Paprikaschote und Cocktailtomaten waschen, putzen, klein schneiden und in eine Salatschüssel geben.

2. Feldsalat verlesen, waschen, trocken schleudern und mit den Walnusskernen in die Salatschüssel geben.

3. Für das Dressing alle angegebenen Zutaten verrühren und zum Salat geben.

4. Alles gut mischen.

Feldsalat mit Kartoffeldressing

ZUTATEN

- ✔ 200 g Feldsalat

Für das Dressing:

- 1 gekochte Kartoffel (ca. 80 g)
- 4 EL Olivenöl
- 2 EL Zitronensaft (frisch gepresst)
- 1 TL Kräutersalz
- 1 Msp. Pfeffer (gemahlen, weiß)

ZUBEREITUNG

1. Feldsalat waschen, trocken schleudern und portionsweise auf Tellern verteilen.

2. Für das Dressing die gekochte Kartoffel mit einer Gabel zerdrücken und mit den weiteren Zutaten mischen.

3. Dressing zum Feldsalat geben.

Kürbis-Spaghetti

ZUTATEN (FÜR 2 PERSONEN)

Für die Kokosnuss-Soße

- 1 EL Ingwer (frisch, gerieben)
- 1 TL Currypulver
- 1 EL Erdnussöl
- 1 EL Reismehl
- 400 ml Kokosmilch
- 1 TL Meer- oder Himalajasalz

Für die Kürbis-Spaghetti

- 1 kg Butternut-Kürbis
- 50 g Schalotten
- 2 EL Erdnussöl
- 1 TL Meer- oder Himalajasalz
- 2 EL Kürbiskerne
- ½ Bund Petersilie (glatt)

> **TIPP** Wer keinen SPIRALI-Schneider zur Verfügung hat, kann den Kürbis in feine Streifen schneiden.

ZUBEREITUNG KOKOSNUSS-SOSSE

1. Ingwer und Curry in einem Kochtopf in Erdnussöl andünsten.

2. Reismehl einrühren, Kokosmilch unter Rühren dazugeben.

3. Salz dazugeben und aufkochen lassen.

ZUBEREITUNG KÜRBIS-SPAGHETTI

4. Kürbis waschen, schälen, halbieren und die Kerne sowie die Fasern mit einem Löffel entfernen.

5. Kürbis mit einem SPIRALI-Schneider zu Spaghetti verarbeiten.

6. Schalotten häuten und klein schneiden.

7. Erdnussöl in einem Wok oder in einer hohen Pfanne erhitzen.

8. Schalotten 3 Minuten darin dünsten. Kürbis-Spaghetti dazugeben und unter vorsichtigem mehrmaligem Wenden 5 Minuten dünsten.

9. Kürbiskerne in einer trockenen Pfanne rösten.

10. Petersilie fein hacken.

11. Auf Pasta-Tellern die Spaghetti portionsweise anrichten, die Kokosnusssoße darauf verteilen und mit gerösteten Kürbiskernen sowie gehackter Petersilie bestreuen.

Rote-Bete-Carpaccio
mit gebratenen Kartoffelwürfeln

ZUTATEN

Für das Rote-Bete-Carpaccio:

- ✔ 1 kg Rote Beten (frisch)
- • 2 EL Zitronensaft (frisch gepresst)
- ✔ 3–4 EL Macadamianussöl oder Olivenöl
- • Meer- oder Himalajasalz und Pfeffer (aus der Mühle)
- ✔ 1 Blattsalat (z. B. Bianco)
- • 80 g Pinienkerne

Für die Kartoffelwürfel:

- • 800 g Kartoffeln
- • 6–8 EL Olivenöl
- • Meer- oder Himalajasalz und Pfeffer (aus der Mühle)

> **TIPP** Es erfordert etwas Geduld und Zeit, bis die rohen Kartoffelwürfel durchs Braten gegart sind.
>
> Es empfiehlt sich, die Kartoffelwürfel in zwei Pfannen zu braten.

ZUBEREITUNG ROTE-BETE-CARPACCIO

1. Rote Beten waschen und in kochendem Salzwasser 30–45 Minuten gar kochen.

2. Das Wasser abschütten und die Roten Beten wie Pellkartoffeln schälen.

3. Rote Beten auf einem Gurkenhobel in hauchdünne Scheiben schneiden und auf einer Servierplatte gleichmäßig verteilen.

4. Die Rote-Bete-Scheiben mit Zitronensaft und Macadamianuss- oder Olivenöl beträufeln. Salz und Pfeffer darüber mahlen.

5. Blattsalat verlesen, waschen, in einer Salatschleuder trocken schleudern und auf den Rote-Bete-Scheiben verteilen.

6. Pinienkerne in einer trockenen Pfanne bei mittlerer Temperatur vorsichtig goldgelb rösten.

ZUBEREITUNG KARTOFFELWÜRFEL

7. Kartoffeln schälen, waschen und in Würfel schneiden.

8. Olivenöl in einer großen Pfanne erhitzen, die Kartoffelwürfel darin bei mittlerer Temperatur langsam goldgelb braten und mit Salz und Pfeffer nach Geschmack würzen.

9. Die Kartoffelwürfel und die Pinienkerne auf dem Salat verteilen.

> **GUT ZU WISSEN** Rote Beten garen je nach Größe unterschiedlich. Es empfiehlt sich, nach 30 Minuten mit einem spitzen Messer in die gekochten Roten Beten zu stechen, um festzustellen, ob sie gar sind. Das Wasser erst abschütten, wenn die Beten weich gekocht sind.

Kartoffelgratin

ZUTATEN

- 125 g Cashewkerne
- 500 ml Wasser
- 800 g Kartoffeln
- ✔ 1 Bund Frühlingszwiebeln
- 2 TL Meer-oder Himalajasalz
- 2 TL gekörnte Gemüsebrühe (hefe- und glutenfrei)
- 1 Msp. Pfeffer (gemahlen, weiß)
- 1 Msp. Muskatnuss (gerieben)

ZUBEREITUNG

1. Cashewkerne und Wasser in einer hohen Rührschüssel mit dem Stabmixer sehr fein pürieren.

2. Kartoffeln waschen, schälen und in Scheiben schneiden.

3. Frühlingszwiebeln putzen und in Ringe schneiden.

4. Die klein geschnittenen Zutaten mit dem Cashewdrink und den Gewürzen in einen Kochtopf geben, aufkochen und alles unter Rühren 10 Minuten köcheln lassen.

5. Die Kartoffelmasse in eine Auflaufform füllen und im vorgeheizten Backofen bei 180 °C 35–40 Minuten überbacken.

Gurkensalat mit Apfel auf Feldsalat

ZUTATEN

- ✔ 1 Salatgurke
- ✔ 2 Äpfel
- ✔ 1 Bund Dill
- ✔ 200 g Feldsalat

Für das Dressing:

- 4 EL Olivenöl
- 2 EL Zitronensaft (frisch gepresst)
- 1 TL Kräutersalz
- ¼ TL Pfeffer (gemahlen, weiß)

ZUBEREITUNG

1. Für das Dressing alle angegebenen Zutaten in einer Salatschüssel verrühren.

2. Gurke putzen. Äpfel waschen, vierteln und das Kerngehäuse entfernen. Gurke und Äpfel in ganz dünne Scheiben schneiden oder auf einem Gurkenhobel fein hobeln und zum Dressing geben.

3. Dill fein hacken, in die Salatschüssel geben und alles gut mischen.

4. Feldsalat waschen, putzen und mit dem Apfel-Gurken-Salat anrichten.

Mangold-Kartoffelauflauf

ZUTATEN

Für die Kartoffelmasse

- 600 g Kartoffeln
- 100 g Zwiebeln
- 2 EL Olivenöl
- 200 ml Mandeldrink (selbstgemacht, siehe Seite 138)
- ½ TL Meer- oder Himalajasalz
- ½ TL gekörnte Gemüsebrühe (hefe- und glutenfrei)

Für die Mangoldmasse

- ✔ 600 g Mangold
- ✔ 1 Paprikaschote (rot)
- 50 g Zwiebeln
- 2 EL Olivenöl
- ½ TL Meer- oder Himalajasalz
- ½ TL gekörnte Gemüsebrühe (hefe- und glutenfrei)
- 1 EL Mandelmus

ZUBEREITUNG KARTOFFELMASSE

1. Kartoffeln schälen, waschen und in Scheiben schneiden.

2. Zwiebeln häuten, klein schneiden und mit Olivenöl in einem Kochtopf andünsten.

3. Kartoffelscheiben, Mandeldrink, Salz und Gemüsebrühe dazugeben und unter mehrmaligem Rühren 10 Minuten köcheln lassen.

4. Die Kartoffelmasse in eine Auflaufform geben.

ZUBEREITUNG MANGOLDMASSE

5. Mangold und Paprika waschen, putzen und in dünne Streifen schneiden.

6. Zwiebeln häuten, klein schneiden und mit Olivenöl in einem Kochtopf andünsten.

7. Mangold- und Paprikastreifen, Salz und Gemüsebrühe dazugeben und unter mehrmaligem Rühren 5–8 Minuten dünsten.

8. Mandelmus in die Mangoldmasse einrühren, kurz aufkochen lassen und auf den Kartoffeln verteilen.

9. Pinienkerne darüberstreuen und bei 180 °C im vorgeheizten Backofen 35–40 Minuten backen.

Schnittlauch-Öl-Dip

(4) 🌾

ZUTATEN

- ✔ 2 Bund Schnittlauch
- • 1 TL Meer- oder Himalajasalz
- • 6 EL Olivenöl

· ·

ZUBEREITUNG

1. Schnittlauch fein hacken.

2. Schnittlauchröllchen mit Salz und Olivenöl in einer Schüssel verrühren.

Kartoffeln gebacken mit Dips

ZUTATEN

- 1,2 kg Kartoffeln (klein, mehlig kochend)
- 8 EL Olivenöl
- 1 TL Meer- oder Himalajasalz
- 1–2 TL Thymian (getrocknet)
- 1–2 TL Majoran (getrocknet)

ZUBEREITUNG

1. Kartoffeln gründlich waschen und vierteln.

2. Olivenöl und Kräuter in einer Schüssel zu einer Marinade verrühren.

3. Die Kartoffelstücke in die Marinade geben und alles gründlich mischen.

4. Die Kartoffelstücke in eine große Auflaufform geben und im vorgeheizten Backofen bei 180 °C 50–60 Minuten backen.

Mandel-Zaziki

ZUTATEN

- 4 EL Mandelmus (weiß)
- 4 Zitronensaft (frisch gepresst)
- 4 EL Oliven- oder Leinöl
- ½ Salatgurke
- 1 TL Kräutersalz
- 1 Knoblauchzehe

ZUBEREITUNG

1. Mandelmus mit Zitronensaft und Oliven- oder Leinöl in einer Schüssel verrühren.

2. Salatgurke waschen und auf einer Gemüsereibe grob reiben. Die Gurkenstreifen mit der Flüssigkeit und dem Kräutersalz zur Mandelcreme geben.

3. Knoblauchzehe häuten, fein hacken und unter die Mandelcreme rühren.

Basilikum-Gnocchi

ZUTATEN

- 1 kg Kartoffeln
- ✔ 15–20 Basilikumblätter
- 250 g Kartoffelmehl
- 2 TL Meer- oder Himalajasalz
- 2 EL Olivenöl
- 2 l Wasser und 1 TL Meer- oder Himalajasalz
- Kartoffelmehl zum Bemehlen der Hände und der Arbeitsfläche

GUT ZU WISSEN
Wenn Sie die Gnocchi-Masse ohne Basiklikumblätter herstellen, erhalten Sie das Gnocchi-Grundrezept.

ZUBEREITUNG BASILIKUM-GNOCCHI

1. Kartoffeln schälen, waschen und in Salzwasser gar kochen. Die Kartoffeln abgießen und mit dem Kartoffelstampfer zerstampfen.

2. Basilikumblätter in feine Streifen schneiden.

3. Kartoffelmehl, Salz, Olivenöl und Basilikumstreifen zu den Kartoffeln geben und alles zu einem gleichmäßigen Teig kneten – wegen der heißen Masse am besten mit Einmalhandschuhen. Den Teig 10 Minuten quellen lassen.

4. In einem Kochtopf 2 Liter Wasser und 1 TL Salz zum Kochen bringen. Zum Garen der Gnocchi das Wasser nur sieden lassen.

5. Mit bemehlten Händen auf einer ebenfalls bemehlten Arbeitsfläche die Kartoffelmasse zu einer ca. 2 cm dicken Rolle formen und diese in ca. ½ cm dicke Scheiben schneiden.

6. Die Scheiben zu ovalen Klößchen formen und mit dem Messerrücken beidseitig mittig einkerben.

7. Gnocchi portionsweise in das siedende Wasser geben und ca. 2 Minuten ziehen lassen.

8. Die fertigen Gnocchi mit einem Schaumlöffel aus dem Wasser heben, in ein Sieb geben, abtropfen lassen und bis zum Servieren warmstellen.

Tomatensoße

(4) (🌾)

ZUTATEN

- 100 g Zwiebeln
- 4 EL Tomatenmark
- 3 EL Olivenöl
- 2 EL Zitronensaft (frisch gepresst)
- 1 EL Vollrohrzucker
- 1 TL Meer-oder Himalajasalz
- 100 ml Wasser
- ✔ 500 g Strauchtomaten
- ✔ 10–20 Basilikumblätter

ZUBEREITUNG

1. Zwiebeln häuten, klein schneiden und mit dem Tomatenmark in einem Kochtopf in Olivenöl 3 Minuten dünsten.

2. Zitronensaft, Vollrohrzucker, Salz und Wasser dazugeben und alles 5 Minuten köcheln lassen.

3. In der Zwischenzeit Strauchtomaten putzen, vierteln. Tomaten zu den Zwiebeln geben. Die Soße 30 Minuten köcheln lassen und danach mit einem Stabmixer pürieren.

4. Tomatensoße servieren und nach Geschmack mit Basilikumblättern dekorieren.

Serviettenknödel

ZUTATEN

- 300 g trockenes Brot
- 300 ml Cashewdrink (selbst-gemacht, siehe Seite 138)
- 1 kleine Zwiebel (ca. 50 g)
- 3 EL Olivenöl
- ✔ 2 Stängel Petersilie (kraus)
- 1 TL Meer- oder Himalajasalz
- 1 Msp. Muskatnuss (gerieben)
- ✔ 50 g Kichererbsenmehl (geröstet)
- Kokosfett (ungehärtet) zum Braten

TIPP Zu den Serviettenknödeln passt sehr gut unsere Champignon-soße, Rezept siehe Seite 68.

GUT ZU WISSEN Den Knödelteig können Sie natürlich auch zu Knödeln formen und im siedenden Wasser garen. Im kochenden Wasser würden die Knödel zerfallen.

ZUBEREITUNG

1. Brot in sehr kleine Stücke schneiden oder brechen und in eine Rührschüssel geben. Cashewdrink dazugeben und das Brot darin einweichen lassen.

2. Zwiebel häuten, klein schneiden und in einer Pfanne in Olivenöl 3 Minuten dünsten.

3. Petersilie fein hacken und mit den Zwiebelstücken zum Brot geben.

4. Salz, Muskat und Kichererbsenmehl dazugeben und mit den Händen gut durchkneten, bis eine zusammenhängende Masse entstanden ist.

5. Die Masse mit angefeuchteten Händen zu einer ca. 5 cm dicken Rolle formen. Die Rolle in ein Passier-/Knödeltuch oder Baumwolltuch einwickeln, die Enden mit einem dicken Kochbindfaden zubinden und die Rolle 20 Minuten ruhen lassen.

6. In einem großen Kochtopf ca. 1,5 Liter Salzwasser zum Kochen bringen.

7. Die Rolle in das Wasser legen und 15 Minuten im siedenden Wasser (nicht mehr kochend) ziehen lassen.

8. Das Wasser abgießen, die Knödelrolle aus dem Topf herausnehmen und abkühlen lassen. Das Leinentuch entfernen und die Knödelrolle in 2 cm dicke Scheiben schneiden. Die Rolle ergibt ca. 12 Serviettenknödel.

9. Die Serviettenknödelscheiben nach und nach in einer Pfanne in Kokosfett von jeder Seite bis zur gewünschten Bräune braten.

Champignonsoße Rezept Seite 68

Radieschensalat

ZUTATEN

- ✔ 4 Bund Radieschen
- ✔ 1 Bund Schnittlauch
- ✔ 1 Bund Petersilie
- • 1 EL Hanföl
- • 1 EL Leinöl
- • 2 EL Olivenöl
- • 2 EL Zitronensaft (frisch gepresst)
- • 1 TL Meer- oder Himalajasalz
- • 1 TL Kräutersalz

ZUBEREITUNG

1. Radieschen putzen, in dünne Scheiben schneiden und in eine Salatschüssel geben.

2. Kräuter fein hacken und darüberstreuen.

3. Restliche Zutaten dazugeben und alles gut mischen.

Salzkrustenkartoffeln

ZUTATEN

- 800 ml Wasser
- 120 g Meer- oder Himalajasalz
- 1–1,2 kg kleine Kartoffeln

ZUBEREITUNG

1. Wasser und Salz in einem Kochtopf verrühren und zum Kochen bringen.

2. In der Zwischzeit Kartoffeln gründlich waschen.

3. Die Kartoffeln ins Wasser geben und gar kochen.

4. Die Kartoffeln mit einem Schaumlöffel aus dem Salzwasser herausheben, abtropfen lassen und in eine Auflaufform geben.

5. Die Kartoffeln im vorgeheizten Backofen bei 180 °C 20 Minuten backen.

Leinölsoße

ZUTATEN

- 30–50 ml Zitronensaft (frisch gepresst)
- 100 g Mandelmus (weiß)
- 4 EL Leinöl
- 80–100 ml Wasser
- 1 TL Kräutersalz
- 1–2 TL Senf (mittelscharf)
- ✔ 1 Bund Schnittlauch

ZUBEREITUNG

1. 30 ml Zitronensaft in eine kleine Schüssel geben. Mandelmus dazugeben und verrühren, bis es dickflüssig geworden ist.

2. Leinöl zum Mandelmus geben und verrühren.

3. Wasser dazugeben, bis die Soße die gewünschte Konsistenz erreicht hat.

4. Kräutersalz und Senf in die Soße rühren und ggf. mit restlichem Zitronensaft abschmecken.

5. Schnittlauch fein hacken, zur Soße geben und unterrühren.

Gedämpfte Äpfel

4 · glutenfrei

ZUTATEN

- 1 kg Äpfel
- 50 ml Zitronensaft (frisch gepresst)
- 1–2 TL Vollrohrzucker
- Zimt (gemahlen, nach Geschmack)

. . . .

ZUBEREITUNG

1. Äpfel schälen, in dünne Spalten schneiden und in Zitronensaft 10 Minuten dünsten.

2. Vollrohrzucker und Zimt dazugeben und zu den Rösti servieren.

Kartoffelrösti

ZUTATEN

- 1,2–1,5 kg festkochende Kartoffeln
- 2 TL Meer- oder Himalajasalz
- ½ TL Muskatnuss (gerieben)
- Kokosfett (ungehärtet)

ZUBEREITUNG

1. Kartoffeln schälen, waschen und auf einer groben Gemüsereibe reiben. Bei dieser Menge an Kartoffeln lohnt es sich, eine Küchenmaschine zu benutzen. Die Kartoffeln mit den Händen etwas ausdrücken und das Kartoffelwasser abgießen.

2. Salz und Muskatnuss dazugeben und mischen.

3. In einer Pfanne Kokosfett erhitzen. Die Kartoffelmasse esslöffelweise ins Fett geben und die Kartoffelrösti darin bei mittlerer Temperatur von jeder Seite goldgelb braten.

Kräutercreme

ZUTATEN

- 100 ml Zitronensaft (frisch gepresst)
- 150 g Mandelmus (weiß)
- 50 ml Olivenöl
- 1 TL Kräutersalz
- ½ TL Meer- oder Himalajasalz
- ✔ 1 Bund Frühlingszwiebeln
- ggf. 25 ml oder max. 2 EL Wasser

ZUBEREITUNG

1. Für die Kräutercreme alle Zutaten, außer den Frühlingszwiebeln, in einem hohen Rührgefäß mit einem Stabmixer verquirlen.

2. Frühlingszwiebeln putzen, in dünne Röllchen schneiden und zur Kräutercreme geben. Alles verrühren und zu den Kartoffelrösti servieren. Sollte die Creme zu fest sein, zusätzlich etwas Wasser einrühren.

> **TIPP** Die Kräutercreme schmeckt nicht nur zu Kartoffelrösti sehr gut, sondern eignet sich auch als Dip für Gemüsestifte. Es lohnt sich, die Kräutercreme in einer größeren Portion zuzubereiten, um sie später ohne großen Aufwand zu Gemüsestiften, Pellkartoffeln oder gekochtem Gemüse zu essen.

Gebackene Rote Bete

ZUTATEN

✔ 1–1,2 kg kleine Rote Beten
(ca. 8 Stück)

TIPP Rote Beten können mit einem Löffel aus der Schale herausgehoben und gegessen werden. Die Schale kann man nicht mitessen.

GUT ZU WISSEN Rote Beten erhalten durch das Backen einen feinen, nussigen Geschmack.

ZUBEREITUNG

1. Rote Beten gründlich waschen und ggf. Laub abschneiden. Jede Rote Bete auf je ein ca. 30 x 30 cm großes Stück Alufolie legen und damit einschlagen. Die Alufolie oben zusammendrücken und im vorgeheizten Backofen bei 180 °C 45–60 Minuten backen.

2. Nach der angegebenen Garzeit mit einem Küchenmesser in die Roten Beten stechen. Wenn sie sich dabei weich anfühlen, sind sie gar. Falls nicht, lässt man sie noch einmal für einige Minuten im Backofen backen.

3. Rote Beten auf einem Teller halbiert und mit Kräutermayo servieren.

Kräutermayo

ZUTATEN

- 3 EL Reismehl (ca. 30 g)
- 150 ml Wasser
- 50 g Mandelmus (weiß)
- 1–2 EL Zitronensaft (frisch gepresst)
- 2–3 EL Oliven- oder Leinöl
- 1 TL Meer- oder Himalajasalz
- ✔ ½ Bund Petersilie
- ✔ ½ Bund Schnittlauch

ZUBEREITUNG

1. Reismehl mit Wasser in einem Kochtopf verrühren, aufkochen und 1 Minute köcheln lassen.

2. Die Reiscreme abkühlen lassen.

3. Reiscreme mit Mandelmus, Zitronensaft, Öl und Salz verrühren.

4. Petersilie und Schnittlauch fein hacken und dazugeben.

GUT ZU WISSEN Durch Leinöl bekommt die Kräutermayo eine besondere geschmackliche Note.

Feldsalat mit Kartoffeldressing Rezept Seite 63

Vegetarischer Labskaus

und Feldsalat mit Kartoffeldressing

ZUTATEN

- ✔ 750 g Rote Beten
- 300 ml Wasser
- 100 ml Zitronensaft (frisch gepresst)
- 2 TL Meer- oder Himalajasalz
- 1–2 EL Apfel- oder Birnendicksaft
- 1 kg Kartoffeln
- ✔ 1 Bund Frühlingszwiebeln
- 2 EL Olivenöl
- ✔ 300 g Salatgurke
- 1–2 TL Meer- oder Himalajasalz
- 1 Msp. Peffer (gemahlen, weiß)
- ✔ 1 TL Nori-Algen

TIPP Wer kein Erdnussöl vorrätig hat, kann zum Rösten der Zwiebeln auch ungehärtetes Kokosfett verwenden.

GUT ZU WISSEN Die Masse lässt sich am besten im heißen Zustand verarbeiten, da sich dann alle Zutaten besser verbinden.

ZUBEREITUNG

1. Rote Beten schälen und in Würfel schneiden.

2. Wasser und Zitronensaft sowie Salz und Apfel- oder Birnendicksaft in einem Kochtopf mit den klein geschnittenen Roten Beten aufkochen und 10 Minuten köcheln lassen.

3. Kartoffeln schälen und in Salzwasser gar kochen. Kartoffeln abgießen und mit dem Kartoffelstampfer grob stampfen. **Hinweis: Für das Feldsalatdressing 1 EL gestampfte Kartoffelmasse beiseitestellen.**

4. Die gekochten Rote-Bete-Stücke mit der Flüssigkeit zur Kartoffelmasse geben und alles gut verrühren.

5. Frühlingszwiebeln putzen, in Röllchen schneiden und in einer Pfanne mit Olivenöl andünsten.

6. Salatgurke waschen, putzen und in kleine Würfel schneiden.

7. Frühlingszwiebeln, Gurkenstücke und Gewürze sowie Nori-Algen zur Rote-Bete-Kartoffelmasse geben.

8. Alles gut verrühren.

Gurke geschmort

ZUTATEN

- 250 g Schalotten
- 2–4 EL Olivenöl
- ✔ 2 Salatgurken
- 2 EL Mandelmus (weiß)
- 250 ml Mandeldrink (selbstgemacht, siehe Seite 138)
- 1 TL Meer- oder Himalajasalz
- 1 TL Kräutersalz
- ✔ 1 Bund Schnittlauch
- ✔ 1 Bund Dill

ZUBEREITUNG

1. Schalotten häuten, klein schneiden und in einer Pfanne in Olivenöl 5 Minuten dünsten.

2. Gurken schälen, halbieren und das Innere mit einem Löffel herausschaben. Die Gurken in 1-2 cm dicke Stücke schneiden, zu den Schalotten geben und 8-10 Minuten dünsten.

3. Mandelmus, Mandeldrink und Salz dazugeben und weitere 5-10 Minuten dünsten.

4. Kräuter fein hacken, zu den geschmorten Gurken geben und verrühren.

Gebackene Süßkartoffeln

ZUTATEN

- ✔ 1–1,2 kg Süßkartoffeln
- 4–6 EL Olivenöl
- 1 TL Meer- oder Himalajasalz

TIPP Prüfen Sie nach der Backzeit mit einem scharfen Messer, ob Ihnen die Süßkartoffeln schon weich genug sind.

ZUBEREITUNG

1. Süßkartoffeln schälen, waschen und in 1 cm dicke Scheiben schneiden.

2. Die Süßkartoffelscheiben nebeneinander oder gefächert in eine Auflaufform legen. Olivenöl und Salz auf den Süßkartoffeln verteilen.

3. Die Süßkartoffeln im vorgeheizten Backofen bei 180 °C 30-45 Minuten backen.

Rotoranges Gemüse

ZUTATEN

Für das Gemüse (insgesamt ca. 2,5 kg):

- ✔ Paprikaschoten (rot)
- ✔ Strauchtomaten
- ✔ Süßkartoffeln
- ✔ rote Zwiebeln

Für die Marinade:

- Meer- oder Himalajasalz (aus der Mühle)
- 100 ml Olivenöl
- 50 ml Zitronensaft (frisch gepresst)
- 50 ml Wasser
- ✔ 2 EL Rosmarin (frisch abgezupft)
- oder 1 EL Rosmarin (getrocknet)

ZUBEREITUNG

1. Paprika und Tomaten putzen und in große Stücke schneiden.

2. Süßkartoffeln schälen, waschen und achteln.

3. Zwiebeln häuten und achteln.

4. Das Gemüse in 1-2 Auflaufformen geben.

5. Salz darüber mahlen.

6. Olivenöl, Zitronensaft, Wasser sowie Rosmarin in einer kleinen Schüssel verrühren und auf dem Gemüse verteilen.

7. Die Auflaufform mit einem Deckel oder mit Alufolie verschließen und im vorgeheizten Backofen bei 180 °C ca. 75 Minuten backen.

Thymiansoße

ZUTATEN

- 50 ml Zitronensaft (frisch gepresst)
- 4 EL Mandelmus (weiß)
- 50 ml Olivenöl
- 80–100 ml Mandeldrink (selbstgemacht, siehe Seite 138)
- 1 TL Agavendicksaft
- 1 TL Meer- oder Himalajasalz
- ✔ 2 EL Thymian (frisch abgezupft)
- oder 2 TL Thymian (getrocknet)

ZUBEREITUNG

1. Alle Zutaten, außer Thymian, in ein hohes Rührgefäß geben und mit einem Stabmixer pürieren.

2. Die Soße in einer Schüssel mit Thymian verrühren.

TIPP Wenn Sie den Mandeldrink vorrätig haben, ist diese Soße sehr schnell zubereitet.

Wirsinggemüse

ZUTATEN

- 100 g Zwiebeln
- 2 EL Olivenöl
- ✔ ca. 1 kg Wirsing
- 250 ml Wasser
- ✔ 1 Msp. Natron
- 150 ml Mandeldrink (selbstgemacht, siehe Seite 138)
- 2 EL Mandelmus
- 1–2 TL Meer- oder Himalajasalz
- 1 TL gekörnte Gemüsebrühe (hefe- und glutenfrei)
- 1 Msp. Pfeffer (gemahlen, weiß)
- Muskatnuss (gerieben)

ZUBEREITUNG

1. Zwiebeln häuten, klein schneiden und in einem großen Kochtopf in Olivenöl andünsten.

2. Wirsing putzen, vierteln, in Streifen schneiden, zu den Zwiebeln geben und 5 Minuten dünsten.

3. Wasser und Natron dazugeben. Durch das Natron behält der Wirsing die Farbe und ist bekömmlicher. Den Wirsing einmal kurz aufkochen und 10 Minuten köcheln lassen.

4. Mandeldrink und Mandelmus sowie Salz, Gemüsebrühe und Pfeffer dazugeben, gut verrühren und 5 Minuten köcheln lassen. Vor dem Servieren geriebene Muskatnuss nach Geschmack dazugeben.

Buchweizenbratlinge

ZUTATEN

- 450 ml Wasser
- 1 TL gekörnte Gemüsebrühe (hefe- und glutenfrei)
- 1 kleine Zwiebel (ca. 50 g)
- 100 g Buchweizen (Körner)
- 125 g Buchweizenmehl
- 1 TL Meer- oder Himalajasalz
- 1 Msp. Pfeffer (gemahlen, weiß)
- Kokosfett (ungehärtet) zum Braten

ZUBEREITUNG

1. Wasser und Gemüsebrühe in einem Kochtopf zum Kochen bringen.

2. Zwiebel häuten, fein würfeln und mit den Buchweizenkörnern ins Kochwasser einrühren. Alles 15 Minuten köcheln lassen.

3. Buchweizenmehl mit den Gewürzen in die Buchweizenmasse einrühren und auf der ausgeschalteten Herdplatte 10 Minuten quellen lassen.

4. Aus dieser Masse Bratlinge formen und in Kokoksfett bis zur gewünschten Bräune braten.

TIPP Zu den Bratlingen schmecken gebratene Zwiebeln sehr gut.

Gurken-Möhren-Tomaten-Salat Rezept Seite 62

Kichererbsenbällchen
mit Gurken-Möhren-Tomaten-Salat

ZUTATEN

- ✔ 1 Glas Kichererbsen (abgetropft ca. 200 g)
- 1 kleine Zwiebel (ca. 50 g)
- 2 EL Olivenöl
- 1 TL Schwarzkümmel
- 1 TL Bockshornklee (gemahlen)
- 1 TL Cuminpulver
- 1 TL Kurkumapulver
- 1 TL Currypulver
- 1–2 TL Meer- oder Himalajasalz
- ✔ 50 g Kichererbsenmehl (geröstet)
- ggf. 1–2 EL Wasser
- Kokosfett (ungehärtet) zum Braten

ZUBEREITUNG

1. Kichererbsen durch ein Sieb abschütten, abspülen, in ein hohes Rührgefäß geben und mit dem Stabmixer pürieren.

2. Zwiebeln häuten, in Würfel schneiden und in einer Pfanne in Olivenöl andünsten. Gewürze, außer Salz, dazugeben und 3–5 Minuten dünsten.

3. Die angedünstete Zwiebel, Kichererbsenmehl und Salz zur pürierten Kichererbsenmasse geben und alles gut verrühren. Falls die Masse nach dem Verrühren bröselig erscheint, vorsichtig 1–2 EL Wasser dazugeben und nochmals gründlich verrühren, bis eine zusammenhängende Masse entsteht.

4. Die Kichererbsenmasse mit angefeuchteten Händen zu kleinen Bällchen formen.

5. In einer Pfanne 2–3 EL Kokosfett erhitzen und die Kichererbsenbällchen darin von allen Seiten goldgelb braten.

GUT ZU WISSEN Die Kichererbsenbällchen können mit einer Tomaten- und/oder Gurkenscheibe sowie Kräutercreme zu Vollkornbrot serviert werden.

TIPP Falls Sie im Salat keinen Koriander mögen, können Sie stattdessen glatte Petersilie verwenden.

Fenchelgemüse

ZUTATEN

- ✔ 1 kg Fenchel
- ✔ 500 g Paprikaschoten (rot)
- ✔ 1 Stück Ingwer (ca. 20 g)
- • 4 EL Olivenöl
- • 1–2 TL Meer- oder Himalajasalz
- • 1–2 TL Currypulver

ZUBEREITUNG

1. Fenchel und Paprikaschoten putzen und in sehr dünne Streifen schneiden.

2. Ingwer schälen, fein hacken und in Olivenöl 3 Minuten andünsten.

3. Gemüsestreifen und Gewürze dazugeben und 10 Minuten dünsten.

Buchweizenklößchen

ZUTATEN

- • 100 g Zwiebeln
- • 1–2 EL Olivenöl
- • 125 g Buchweizen (ganze Körner)
- • 500 ml Wasser
- • 125 g Buchweizenmehl
- • 1 TL Meer- oder Himalajasalz
- • 1 TL gekörnte Gemüsebrühe (hefe- und glutenfrei)
- • ¼ TL Pfeffer
- ✔ ½ Bund Petersilie (glatt)
- • 1 EL Kokosfett (ungehärtet) pro Bratvorgang für die Buchweizenklößchen

ZUBEREITUNG

1. Zwiebeln häuten, klein schneiden und in Olivenöl andünsten.

2. Buchweizenkörner waschen und in Wasser 20 Minuten kochen.

3. Danach Buchweizenmehl, Gewürze und die angedünsteten Zwiebeln dazugeben, kurz aufkochen und 10 Minuten quellen lassen.

4. Petersilie fein hacken und nach dem Quellen der Buchweizenmasse dazugeben.

5. Alles etwas abkühlen lassen und kräftig durchkneten – wegen der Hitze am besten mit Einmalhandschuhen. Aus der Buchweizenmasse Klößchen formen.

6. In einer Pfanne Kokosfett erhitzen. Die Buchweizenklößchen nach und nach bei mittlerer Temperatur goldgelb braten.

7. Die gebratenen Buchweizenklößchen mit dem Fenchelgemüse servieren.

Austernpilze gebraten mit Grünkern

ZUTATEN

Für die Grünkernmasse:

- ✔ 300 g Grünkern (grob geschrotet)
- • 800 ml Wasser
- • 1 TL gekörnte Gemüsebrühe (hefefrei)
- • 1–2 TL Meer- oder Himalajasalz
- • 100 g Zwiebeln
- • 2 EL Olivenöl
- • 2–4 EL Tomatenmark
- • ½ TL Oregano (getrocknet)
- • 1 Msp. Pfeffer (gemahlen, weiß)

Für die Austernpilze:

- ✔ 1 Bund Frühlingszwiebeln
- ✔ 600 g Austernpilze
- • 3–5 EL Olivenöl
- • ½ TL Meer- oder Himalajasalz
- • ½ TL Thymian (getrocknet)
- • Pfeffer (aus der Mühle)

ZUBEREITUNG GRÜNKERNMASSE

1. Grünkern mit Wasser, gekörnter Gemüsebrühe und Salz unter Rühren in einem beschichteten Topf aufkochen lassen. Die Masse 30 Minuten köcheln lassen, dabei den Getreidebrei hin und wieder umrühren.

2. In der Zwischenzeit Zwiebeln häuten, in Würfel schneiden und in Olivenöl in einer Pfanne andünsten.

3. Die Zwiebeln sowie Tomatenmark, Oregano und Pfeffer zur Grünkernmasse geben und alles gut verrühren.

ZUBEREITUNG AUSTERNPILZE

4. Frühlingszwiebeln putzen und in Röllchen schneiden.

5. Austernpilze putzen, klein schneiden und mit den Frühlingszwiebeln in einer Pfanne in Olivenöl 5–8 Minuten dünsten.

6. Die Austernpilze mit Salz und Thymian würzen.

7. Pfeffer nach Geschmack darüber mahlen.

8. Grünkernmasse und Austernpilze portionsweise auf Tellern anrichten.

GUT ZU WISSEN Grünkern ist im Grunde vor der Reife geernteter Dinkel. Früher wurde er über Buchenholzfeuer getrocknet. Durch die Trocknung bekommt der Grünkern seinen charakteristischen herzhaften Geschmack.

ANSTELLE VON Austernpilzen können Sie für dieses Gericht jeder andere Art von Speisepilz verwenden.

Feldsalat mit Paprika & Tomaten Rezept Seite 63

Nudeln mit herzhafter Soße und Feldsalat

ZUTATEN

✔ 500 g Vollkornnudeln

Für die Soße:

✔ 100 g Möhren

✔ 1 Paprikaschote (rot)

• 100 g Zwiebeln

• 4 EL Olivenöl

• 50 g Buchweizen (ganz)

✔ 50 g Gerstengrütze

• 1 TL Meer- oder Himalajasalz

• 1 TL gekörnte Gemüsebrühe (hefefrei)

• 1 TL Currypulver (süß)

• ½ TL Paprikapulver (edelsüß)

• 1 Msp. Chilipulver

• 550 ml Wasser

• 2 EL Tomatenmark

ZUBEREITUNG

1. Gemüse putzen, klein schneiden und in Olivenöl in einem Kochtopf 10 Minuten dünsten.

2. Buchweizen und Gerstengrütze sowie Gewürze und Wasser dazugeben und 15–20 Minuten köcheln lassen.

3. Währenddessen Nudeln nach Packungsanleitung kochen und Feldsalat vorbereiten.

4. Tomatenmark in die Nudelsoße einrühren und abschmecken.

TIPP Um die herzhafte Soße immer vorrätig zu haben, empfehlen wir, eine größere Menge herzustellen, diese kochend heiß in saubere Schraubgläser zu füllen und sofort zu verschließen. Die Soße läßt sich so, vakuumverschlossen, einige Zeit lagern.

ANSTELLE VON Buchweizen und Gerstengrütze können Sie 100 g geschroteten Grünkern verwenden.

Gebratene Pastinaken mit Champignonpfanne

ZUTATEN

Für die gebratenen Pastinaken:

- ✔ 1 kg Pastinaken
- 2 EL Kokosfett (ungehärtet)
- 1 TL Meer- oder Himalajasalz

Für die Champignonpfanne:

- ✔ 800 g Champignons
- ✔ 1 Bund Frühlingszwiebeln
- 2 EL Olivenöl
- 1 TL Kräutersalz

ZUBEREITUNG

1. Pastinaken schälen, waschen und in dünne Scheiben schneiden.

2. In einer großen Pfanne Koksfett erhitzen. Pastinakenscheiben darin bei mittlerer Temperatur 10–15 Minuten goldgelb braten. Pastinaken mit Salz würzen und während des Bratens die Pfanne mit einem Deckel verschließen. Pastinakenscheiben zwei- bis dreimal wenden.

3. In der Zwischenzeit Champignons putzen und in Scheiben schneiden. Frühlingszwiebeln putzen und in Röllchen schneiden.

4. In einer zweiten Pfanne die Champignonscheiben und die Frühlingszwiebeln in Olivenöl 5 Minuten dünsten und mit Kräutersalz würzen.

GUT ZU WISSEN Pastinaken sind ein wiederentdecktes Gemüse, das den Speiseplan im Winter in vielfältiger Weise bereichern kann.

Pastinaken lassen sich als Gemüse kochen, zu Püree verarbeiten, als Suppeneinlage wie Möhren verwenden, wie Bratkartoffeln braten oder als Rohkostsalat servieren.

TIPP Etwas Petersilie fein hacken und vor dem Servieren über Champignons und Pastinaken streuen.

Karamellisiertes Schalottengemüse

ZUTATEN

- 1 kg Schalotten
- 6–8 EL Olivenöl
- 100 g Vollrohrzucker
- 6–8 EL Zitronensaft (frisch gepresst)
- 1 TL Rosmarin (getrocknet)
- ✔ oder 1 EL Rosmarin (frisch abgezupft)
- 1 TL Thymian (getrocknet)
- ✔ oder 1 EL Thymian (frisch abgezupft)
- Meer- oder Himalajasalz
- Pfeffer (aus der Mühle)

ZUBEREITUNG

1. Schalotten häuten, halbieren und in Olivenöl mit Vollrohrzucker in einer Pfanne 10 Minuten dünsten.

2. Mit Zitronensaft ablöschen und weitere 10 Minuten dünsten.

3. Rosmarin und Thymian darüberstreuen, alles mischen und mit Salz und Pfeffer abschmecken.

GUT ZU WISSEN Sie können auch verschiedene Zwiebelsorten verwenden. Alle Zwiebeln sollten zum Karamellisieren jedoch in etwa gleich große Stücke geschnitten werden.

TIPP Das karamellisierte Schalottengemüse schmeckt auch einfach zu Brot oder einem grünen Salat sehr gut.

Pastinakenstampf

ZUTATEN

- 500 ml Wasser
- 1 TL Meer- oder Himalajasalz
- ✔ 1 kg Pastinaken
- 2 EL Mandelmus (weiß)
- Meer- oder Himalajasalz
- Pfeffer (aus der Mühle)

ZUBEREITUNG

1. In einem Kochtopf Wasser und Salz zum Kochen bringen.

2. Pastinaken schälen, in Stücke schneiden und im Wasser 20–25 Minuten köcheln lassen. Ggf. Kochwasser abgießen und die gegarten Pastinaken mit dem Kartoffelstampfer zerstampfen.

3. Mandelmus einrühren. Mit Salz und Pfeffer nach Geschmack würzen.

Schneller Hirsetopf

ZUTATEN

- 100 g Zwiebeln
- ✔ 600 g Möhren
- 4 EL Olivenöl
- 250 g Hirse (ganzes Korn)
- ✔ 300 g Erbsen (tiefgekühlt)
- 750 ml Wasser
- 2 TL gekörnte Gemüsebrühe (hefe- und glutenfrei)
- 1 TL Meer- oder Himalajasalz
- ✔ 1 Bund Petersilie

TIPP Durch die Zugabe von 2–4 EL Mandelmus und ca. 150 ml Wasser wird der Hirsetopf sämiger und erhält die Beschaffenheit eines Risottos.

ANSTELLE VON Hirse können Sie Quinoa verwenden.

Anstelle von Erbsen und Möhren können Sie klein geschnittenen Hokkaido-Kürbis verwenden.

ZUBEREITUNG

1. Zwiebeln häuten, Möhren putzen und alles klein schneiden.

2. Die klein geschnittenen Zutaten in einem Kochtopf in Olivenöl 5 Minuten andünsten.

3. Hirse dazugeben und unter Rühren kurz andünsten.

4. Erbsen und Wasser sowie Gemüsebrühe und Salz dazugeben, kurz aufkochen und 20 Minuten köcheln lassen.

5. Petersilie fein hacken und vor dem Servieren über die Hirse streuen.

GUT ZU WISSEN Hirse wird nicht nur in Amerika und Russland angebaut, sondern auch wieder in Deutschland und Österreich.

Nach der Ernte werden die Körner von ihrer harten, unverdaulichen Schale befreit. Im Handel ist Hirse als ganzes Korn, als Flocken oder gemahlen erhältlich. Sie ist reich an Vitaminen und Mineralstoffen, besteht zu etwa 10 % aus Eiweiß und enthält die für Haut und Haare wichtige Kieselsäure.

Glaubt man der ayurvedischen Lehre, wärmt Hirse den Körper. Demnach ist ein Hirsefrühstück im Winter wohltuend bei niedrigen Temperaturen.

Zucchini mit Linsen überbacken

ZUTATEN

Für die Zucchini:

- 250 ml Wasser
- ½ TL Meer- oder Himalajasalz
- ✔ 4 mittelgroße Zucchini

Für die Linsenmasse:

- ✔ 150 g Rote Linsen (geschält)
- 500 ml Wasser
- 1 TL gekörnte Gemüsebrühe (hefe- und glutenfrei)
- 50 g Zwiebeln
- ✔ 1 Bund Petersilie (kraus)
- 75 g Reismehl
- 1 TL Meer- oder Himalajasalz

GUT ZU WISSEN Die Linsenmasse kann auch als Grundlage für Bratlinge dienen. Dafür Bällchen formen und in etwas Öl braten. Die Bratlinge schmecken sehr gut zu einer Gemüsepfanne oder zu karamellisierten Schalotten, Rezept siehe Seite 90.

ZUBEREITUNG ZUCCHINI

1. Wasser in eine große Auflaufform gießen. Salz einrühren.

2. Zucchini längs halbieren und mit einem Teelöffel die Kerne herausheben. Die Zucchinihälften mit der Schnittfläche nach oben in die Auflaufform legen.

3. Den Backofen auf 180 °C vorheizen.

4. Die Auflaufform mit den Zucchinihälften in den Backofen stellen und ca. 20 Minuten vorbacken.

ZUBEREITUNG LINSENMASSE

5. Linsen in Wasser und gekörnter Gemüsebrühe weich kochen.

6. Zwiebeln häuten und klein schneiden. Petersilie fein hacken.

7. Nach der Garzeit der Linsen das Reismehl, die klein geschnittenen Zwiebeln, 2 EL gehackte Petersilie sowie Salz einrühren, bis eine feste, formbare Masse entsteht.

8. Die Auflaufform mit den Zucchini aus dem Backofen herausnehmen.

9. Die Linsenmasse gleichmäßig auf den Zucchinihälften verteilen und im Backofen 15 Minuten überbacken.

10. Vor dem Servieren die restliche Petersilie auf den Zucchinihälften verteilen.

Kohlrabi überbacken mit Champignons

ZUTATEN

- ✔ 1 kg Kohlrabi
- ✔ 1 Bund Frühlingszwiebeln
- ✔ 500 g braune Champignons
- • 4 EL Olivenöl
- ✔ 1 Bund Petersilie (glatt)
- • 1 TL Meer- oder Himalajasalz
- • 1 TL Kräutersalz
- • 2 EL Mandelmus (weiß)

TIPP Pinienkerne in einer trockenen Pfanne goldgelb rösten und vor dem Servieren auf den Champignons verteilen.

ANSTELLE VON Kohlrabischeiben können Sie Selleriescheiben verwenden.

ZUBEREITUNG

1. Kohlrabi schälen, in ca. 1 cm dicke Scheiben schneiden und in einem Kochtopf in kochendem Salzwasser 2–3 Minuten garen.

2. Die Kohlrabischeiben mit einem Schaumlöffel aus dem Salzwasser heben, abtropfen lassen und nebeneinander auf ein mit Backpapier ausgelegtes Backblech setzen.

3. Frühlingszwiebeln putzen und in dünne Röllchen schneiden.

4. Champignons putzen und in dünne Scheiben schneiden.

5. Frühlingszwiebeln und Champignons in einer Pfanne in Olivenöl 3–5 Minuten dünsten.

6. Petersilie fein hacken und mit Salz, Kräutersalz sowie Mandelmus in die Pfanne geben. Alles gut verrühren.

7. Die Champignonmasse mit einem Löffel auf den Kohlrabischeiben verteilen.

8. Die Kohlrabischeiben im vorgeheizten Backofen bei 180 °C 20 Minuten überbacken.

GUT ZU WISSEN Kohlrabiblätter haben gegenüber der Knolle einen deutlich höheren Gehalt an Vitaminen und Mineralstoffen. Deshalb sollte man die Kohlrabiblätter unbedingt für güne Smoothies verwenden.

Kohlrabi, am besten in Bio-Qualität, lässt sich vielfältig verwenden: als Gemüse, als Püree, als Suppeneinlage, als Rohkostsalat und in jedem grünen Smoothie.

Paprikaschoten mit Gemüsefüllung

ZUTATEN

- 100 g Zwiebeln
- ✔ 1 Bund Frühlingszwiebeln
- ✔ 100 g Möhren
- ✔ 100 g Staudensellerie
- 4 EL Olivenöl
- 200 g Hirse
- 400 ml Wasser
- 1 TL Meer- oder Himalajasalz
- 1 TL Kräutersalz
- ✔ 4 Paprikaschoten (rot, ca. 800 g)
- 150 ml Wasser

ZUBEREITUNG

1. Zwiebeln häuten. Frühlingszwiebeln, Möhren und Staudensellerie putzen. Alles in kleine Würfel schneiden und in einem großen Kochtopf in Olivenöl 10–12 Minuten dünsten.

2. Hirse und Wasser sowie Salz und Kräutersalz zum Gemüse geben, alles zum Kochen bringen und 20 Minuten köcheln lassen.

3. Paprikaschoten waschen, putzen, halbieren und mit der Öffnung nach oben in eine Auflaufform legen.

4. Hirsemasse in den Paprikahälften verteilen.

5. Wasser auf den Boden der Aufflaufform gießen. Im vorgeheizten Backofen bei 160 °C 35–40 Minuten garen.

Paprikaschaum

ZUTATEN

- 100 g Schalotten
- ✔ 2 Paprikaschoten (rot)
- 2 EL Olivenöl
- ½ TL Meer- oder Himalajasalz
- 200 ml Wasser

ZUBEREITUNG

1. Schalotten putzen und klein schneiden.

2. Paprikaschoten putzen, klein schneiden und mit den Schalotten in einem kleinen Kochtopf in Olivenöl 10 Minuten dünsten.

3. Salz und Wasser dazugeben.

4. Die heiße Masse vorsichtig mit einem Stabmixer fein pürieren und zu den Paprikaschoten servieren.

Tomatenreis

ZUTATEN

- 350 g Vollkornreis (Rundkorn)
- 100 g Zwiebeln
- ✔ 400 g Strauchtomaten
- 2 EL Olivenöl
- ca. 200 ml Mandeldrink (selbstgemacht, siehe Seite 138)
- 2 EL Tomatenmark
- 1 TL Paprikapulver (edelsüß)
- 1 TL Meer- oder Himalajasalz
- 1 TL Currypulver (süß)

ZUBEREITUNG

1. Reis nach Packungsanleitung kochen.

2. In der Zwischenzeit Zwiebeln häuten und klein schneiden. Tomaten putzen und sehr klein schneiden.

3. Die klein geschnittenen Zutaten in einem Kochtopf in Olivenöl 10-15 Minuten dünsten.

4. Mandeldrink und Tomatenmark zur Zwiebel-Tomaten-Masse geben und unter ständigem Rühren aufkochen, bis die Soße sämig geworden ist.

5. Mit Paprika, Salz und Curry würzen. Den Reis zur Tomatenmasse geben und alles gut verrühren.

Spitzkohlsalat

ZUTATEN

Für das Dressing:

- 1 TL Meer- oder Himalajasalz
- 3 EL Zitronensaft (frisch gepresst)
- 6 EL Olivenöl
- 1 TL Kräutersalz

Für den Salat:

- ✔ 1 kg Spitzkohl
- ✔ 1 Paprikaschote (rot)
- ✔ 1 Bund Petersilie

ZUBEREITUNG

1. Für das Dressing alle angegebenen Zutaten in eine Salatschüssel geben und verrühren.

2. Spitzkohl und Paprika putzen, in sehr dünne Streifen schneiden und zum Dressing geben.

3. Petersilie fein hacken, zum Salat geben und alles gut mischen.

Überbackene Selleriescheiben mit Paprikagemüse

ZUTATEN

Für das Paprikagemüse:

- ✔ 500 g Paprikaschoten (rot und gelb)
- ✔ 250 g Gemüsezwiebeln
- 4 EL Olivenöl
- 1 TL Currypulver
- 1 TL Bockshornklee
- 2 Msp. Chilipulver
- 1 TL Meer- oder Himalajasalz

Für das Paprikapüree:

- ✔ 500 g Paprikaschoten (rot)
- 1 kleine Zwiebel (ca. 50 g)
- 2 EL Olivenöl

Für die Selleriescheiben:

- ✔ 1 kg Knollensellerie
- ca. 2 EL Kokosfett (ungehärtet) zum Braten der Selleriescheiben
- Meer- oder Himalajasalz und Pfeffer (aus der Mühle)
- ✔ 6–8 Cocktailtomaten

ZUBEREITUNG PAPRIKAGEMÜSE

1. Paprikaschoten putzen und Zwiebeln häuten. Beides halbieren und in dünne Streifen schneiden.

2. Die Zwiebel- und Paprikastreifen mit den Gewürzen in einem Kochtopf in Olivenöl 5–8 Minuten dünsten.

ZUBEREITUNG PAPRIKAPÜREE

3. Paprikaschoten putzen, halbieren und häuten (siehe Putz-ABC).

4. Zwiebeln häuten, klein schneiden und in einem kleinen Kochtopf in Olivenöl andünsten.

5. Die gehäuteten Paprika dazugeben, 2–3 Minuten dünsten und alles mit dem Stabmixer pürieren.

6. Die pürierte Paprikamasse zum Paprikagemüse geben und mischen.

ZUBEREITUNG SELLERIESCHEIBEN

7. Sellerie in ca. 1 cm dicke Scheiben schneiden.

8. Bei jeder Scheibe die Schale dünn abschneiden.

9. Kokosfett in einer Pfanne erhitzen. Selleriescheiben nach und nach von jeder Seite 3 Minuten anbraten.

10. Die fertig gebratenen Selleriescheiben sofort in eine große Auflaufform legen und mit etwas Salz und Pfeffer würzen.

11. Das Paprikagemüse gleichmäßig auf den Selleriescheiben verteilen. Cocktailtomaten daraufsetzen und im vorgeheizten Backofen bei 180 °C 35–40 Minuten überbacken.

Zwiebel-Zucchini-Tomaten mit Nussmischung überbacken

ZUTATEN

- ✔ ca. 500 g Gemüsezwiebeln
- ● 8 EL Olivenöl
- ● 2 EL Zitronensaft (frisch gepresst)
- ● ½ TL Meer- oder Himalajasalz
- ● 1 TL Rosmarin (getrocknet)
- ● 1 TL Thymian (getrocknet)
- ✔ 400 g Zucchini
- ✔ 150-200 g Cocktailtomaten

Für die Nussmischung:

- ● 50 g Cashewkerne
- ● 50 g Walnusskerne
- ● 4 EL Olivenöl
- ● ½ TL Meer- oder Himalajasalz

ANSTELLE VON Cashew- und Walnusskernen können Sie Sonnenblumenkerne und/oder Pinienkerne verwenden.

ZUBEREITUNG ZWIEBEL-ZUCCHINI-TOMATEN

1. Gemüsezwiebeln häuten, in ca. ½ cm dicke Scheiben schneiden und in einer großen Pfanne in 4 EL Olivenöl 5-8 Minuten dünsten.

2. Die gebratenen Zwiebelscheiben nebeneinander in eine Auflauf- oder Tarteform legen.

3. 4 EL Olivenöl, Zitronensaft, Salz, Rosmarin und Thymian in einer großen Schüssel verrühren.

4. Zucchini waschen, putzen und in ½ cm dicke Scheiben schneiden, zur Marinade geben und gut mischen.

5. Die marinierten Zucchinischeiben auf die Zwiebelscheiben setzen. Eventuell verbleibende Ölmischung auf den Zucchinischeiben verteilen.

ZUBEREITUNG NUSSMISCHUNG

6. Für die Nussmischung alle angegebenen Zutaten in einer Moulinette o. Ä. fein zerkleinern.

7. Die Nussmasse gleichmäßig auf den Zucchinischeiben verteilen.

8. Cocktailtomaten waschen, halbieren und mit der Schnittstelle auf die Nussmasse setzen.

9. Im vorgeheizten Backofen bei 180 °C 25 Minuten überbacken.

Das restliche Pesto in Schraubgläser füllen und als Brotaufstrich genießen.

Zucchini-Spaghetti mit rotem und grünem Pesto

ZUTATEN

- ✔ 1 kg Zucchini
- 1–2 EL Erdnussöl
- ✔ 5 EL grünes Pesto (selbstgemacht, siehe unten)
- ✔ 5 EL rotes Pesto (selbstgemacht, siehe unten)
- 1 TL Kräutersalz
- 2 EL Pinienkerne

ZUBEREITUNG

1. Zucchini mithilfe eines SPIRALI-Schneiders zu Spaghetti verarbeiten.

2. Erdnussöl und grünes Pesto in einer Pfanne erhitzen.

3. Erdnussöl und rotes Pesto in einer zweiten Pfanne erhitzen.

4. Je 500 g Zucchini-Spaghetti in jede Pfanne geben und unter vorsichtigem Wenden 3–5 Minuten dünsten.

5. Pinienkerne in einer trockenen Pfanne rösten und vor dem Servieren auf den Zucchini-Spaghetti verteilen.

Rotes Pesto

ZUTATEN

- 100 g Mandelkerne
- ✔ 100 g getrocknete Tomaten in Olivenöl
- 50 ml Olivenöl
- 1 TL Kräutersalz

ZUBEREITUNG

1. Alle Zutaten für das Pesto in einer Moulinette o. Ä. bis zur gewünschten Konsistenz zerkleinern.

> **TIPP** Als Brotaufstrich verwendet schmecken dazu frisch gehackte Kräuter oder Sprossen.

Grünes Pesto

ZUTATEN

- ✔ 1 Bund Petersilie
- 100 g Walnusskerne
- 100 ml Olivenöl
- 1 TL Meer- oder Himalajasalz
- 25 ml Zitronensaft (frisch gepresst)

ZUBEREITUNG

1. Alle Zutaten für das Pesto in einer Moulinette o. Ä. bis zur gewünschten Konsistenz zerkleinern.

Zucchini-Tomaten-Pizza

ZUTATEN

Für den pflanzlichen Käse:

- 200 g pflanzlicher Käse (Rezept siehe Seite 140)

Für die Zucchini-Tomaten-Pizza:

- ✔ 500 g Zucchini
- 2 EL Erdnussöl
- 200 g Zwiebeln
- 2 EL Olivenöl
- ✔ 500 g Strauchtomaten
- 1 EL Vollrohrzucker
- 2 EL Zitronensaft (frisch gepresst)
- 1 TL Meer- oder Himalajasalz

ZUBEREITUNG

Hinweis: Vorab den pflanzlichen Käse nach Rezept herstellen.

1. Zucchini waschen, putzen und in 1 cm dicke Scheiben schneiden.

2. Die Zucchinischeiben nach und nach in Erdnussöl von jeder Seite 2-3 Minuten anbraten.

3. Die Zucchinischeiben gefächert in eine entsprechend große Auflaufform legen.

4. Zwiebeln häuten, klein schneiden und in Olivenöl 3 Minuten dünsten.

5. Tomaten putzen, vierteln, in Stücke schneiden und mit Vollrohrzucker zu den Zwiebeln geben. Alles 3 Minuten dünsten.

6. Die Tomatenmasse mit Zitronensaft ablöschen. Salz dazugeben, kurz aufkochen lassen und auf den Zucchinischeiben verteilen.

7. Den pflanzlichen Käse aus der Form stürzen, in Würfel schneiden und auf der Tomatenmasse verteilen.

8. Die Zucchinipizza im vorgeheizten Backofen bei 180 °C 20 Minuten backen.

> **TIPP** Zucchini ist ein sehr kalorienarmes Gemüse. Man bekommt Zucchini neben Kartoffeln, Zwiebeln, Tomaten und Möhren das ganze Jahr über in Bio-Qualität. Zucchini sind vielseitig verwendbar und i. d. R. preisgünstig.

Spinattarte mit Hirseboden

(ca. 26 cm Durchmesser)

ZUTATEN

Für den pflanzlichen Cashewkäse:

- 200 g (Rezept siehe Seite 140)

Für den Tarteboden:

- 150 g Hirsemehl
- 300 ml Wasser
- 1 TL Meer- oder Himalajasalz
- 1 TL gekörnte Gemüsebrühe (hefe- und glutenfrei)

Für die Spinatmasse:

- 1 kleine Zwiebel (ca. 50 g)
- ✔ 1 Knoblauchzehe
- 2 EL Olivenöl
- ✔ 500 g Spinat
- 1 TL Meer- oder Himalajasalz
- ✔ ½ Paprikaschote (rot)

ZUBEREITUNG CASHEWKÄSE

Hinweis: Die Pizza erfordert etwas Planung und Zeit. Vorab den pflanzlichen Cashewkäse nach Rezept herstellen.

ZUBEREITUNG TARTEBODEN

1. Alle Zutaten in einem Kochtopf verrühren und unter Rühren 5 Minuten köcheln lassen.

2. Die Masse in einer gefetteten Tarteform verteilen.

ZUBEREITUNG SPINATMASSE

3. Zwiebeln und Knoblauchzehe häuten, klein schneiden und in einem Kochtopf in Olivenöl andünsten.

4. Spinat waschen und verlesen, zu den Zwiebeln geben und 5 Minuten dünsten. Salz dazugeben.

5. Die Spinatmasse auf dem Tarteboden verteilen.

6. Paprika waschen, putzen und in kleine Würfel schneiden.

7. Den Cashewkäse in Scheiben schneiden.

8. Die Käsescheiben und die Paprikawürfel auf dem Spinat verteilen und im vorgeheizten Backofen bei 180 °C 25 Minuten backen.

> **GUT ZU WISSEN** Hirse wird nicht nur in Amerika und Russland angebaut, sondern auch wieder in Deutschland und Österreich. Nach der Ernte werden die Körner von ihrer harten, unverdaulichen Schale befreit. Im Handel ist Hirse als ganzes Korn, als Flocken oder gemahlen erhältlich. Sie ist reich an Vitaminen und Mineralstoffen, besteht zu etwa 10 % aus Eiweiß und enthält die für Haut und Haare wichtige Kieselsäure.

Porreekuchen mit Mürbeteigboden

(für eine Springform mit 26–28 cm Durchmesser)

ZUTATEN

Für den Mürbeteig:

- 300 g Dinkelvollkornmehl
- 100 ml Wasser
- 50 ml Olivenöl
- 1 Prise Meer- oder Himalajasalz

Für den Belag:

- 100 g Zwiebeln
- 1–2 EL Olivenöl
- ✔ 1–2 Stangen Porree (ca. 600 g)
- ✔ 150 g Erdnusscreme
- 300 ml Wasser
- ✔ 100 g Erdnüsse (gesalzen)
- Chilipulver

TIPP Verwenden Sie die gerösteten und gesalzenen Erdnüsse in einer Vakuumverpackung der Firma Rapunzel. Bei der Herstellung dieser Erdnüsse wird kein desodoriertes Sonnenblumenöl verwendet.

ZUBEREITUNG MÜRBETEIG

1. Alle Zutaten für den Mürbeteig in eine Rührschüssel geben und mit den Knethaken eines Rührgeräts oder mit den Händen zu einem glatten, geschmeidigen Teig verarbeiten.

2. Den Mürbeteig mit bemehlten Händen in eine mit Backpapier ausgelegte Springform verteilen oder darin ausrollen. Den Teig eine halbe Stunde kühl stellen.

ZUBEREITUNG BELAG

3. In der Zwischenzeit Zwiebeln häuten, klein schneiden und 5 Minuten in Olivenöl dünsten.

4. Porree waschen, putzen und in dünne Streifen schneiden. Alles zu den Zwiebeln geben und 5–8 Minuten dünsten.

5. Erdnusscreme mit Wasser verrühren, zum Porree geben und kurz aufkochen lassen. Durch das Aufkochen wird die Masse cremig.

6. Gesalzene Erdnüsse zum Porree geben und verrühren. Nach Geschmack mit Chilipulver würzen.

7. Die Porreemasse auf dem Mürbeteigboden verteilen und im vorgeheizten Backofen bei 180 °C 35–40 Minuten backen.

GUT ZU WISSEN Wer eine Erdnussallergie hat, kann die Erdnusscreme durch Mandelmus ersetzen und die Erdnüsse durch gehackte Walnüsse.

ANSTELLE VON Dinkelmehl können Sie Reismehl verwenden.

Pizza mit Tomatensugo und pflanzlichem Käse überbacken

(für zwei runde Pizzabackbleche ca. 26-28 cm Durchmesser oder für ein Backbleck von ca. 46x37 cm)

ZUTATEN

Für den Pizzakäse:

- 400 g (Rezept siehe Seite 140)

Für den Pizzaboden:

- 400 g Dinkelvollkornmehl
- 250 ml Wasser
- 50 ml Olivenöl
- 1 Päckchen Trockenhefe
- 1 TL Meer- oder Himalajasalz

Für das Tomatensugo:

- ✔ 500 g Strauchtomaten
- ✔ 150 g Möhren
- ✔ 2 Staudensellerie
- ✔ 150 g rote Zwiebeln
- ✔ 1 Knoblauchzehe
- 4 EL Olivenöl
- 1 TL Oregano (getrocknet)
- 1 TL Thymian (getrocknet)
- 1 TL Kurkumapulver
- 1 TL Meer- oder Himalajasalz

ZUBEREITUNG PIZZAKÄSE

Vorab den pflanzlichen Pizzakäse nach Rezept herstellen.

ZUBEREITUNG PIZZABODEN

1. Alle Zutaten für den Pizzaboden in eine Rührschüssel geben und mit den Knethaken eines Rührgeräts in 3-5 Minuten zu einem glatten, geschmeidigen Hefeteig verarbeiten.

2. Den Teig auf einem mit Backpapier ausgelegten Backblech oder auf zwei eingefetteten Pizzaformen ausrollen und 30 Minuten gehen lassen.

ZUBEREITUNG TOMATENSUGO

3. Tomaten, Möhren sowie Staudensellerie putzen und sehr klein schneiden. Zwiebeln und Knoblauchzehe häuten und klein schneiden.

4. Alle klein geschnittenen Zutaten in einem Kochtopf in Olivenöl 20 Minuten dünsten.

5. Gewürze zum Sugo geben und alles verrühren.

FERTIGSTELLUNG PIZZA

6. Das Tomatensugo auf dem vorbereiteten Pizzaboden verteilen.

7. Den pflanzlichen Käse aus der Form stürzen, in Würfel schneiden und auf der Pizza verteilen.

8. Backofen auf 200 °C vorheizen und die Pizza im vorgeheizten Backofen 20-25 Minuten backen.

Pizzaboden mit Dinkelmehl

ZUTATEN

- 400 g Dinkelvollkornmehl
- 250 ml Wasser
- 50 ml Olivenöl
- 1 Päckchen Trockenhefe
- 1 TL Meer- oder Himalajasalz

ZUBEREITUNG

1. Alle Zutaten mit den Knethaken eines Rührgeräts in einer Rührschüssel in 3–5 Minuten zu einem glatten, geschmeidigen Hefeteig verarbeiten.

2. Den Teig teilen und je eine Hälfte in einer runden, mit Backpapier ausgelegten Pizzaform (oder auf einem Backblech) ausrollen. Den Teig 30 Minuten gehen lassen und nach Wunsch belegen.

Pizza mit karamellisierten Zwiebeln

ZUTATEN

Für den Boden:

- 1 Rezept Pizzaboden mit Dinkelmehl, siehe oben

Für den Belag:

- ✔ 500 g rote Zwiebeln
- 4 EL Olivenöl
- 4 EL Zitronensaft (frisch gepresst)
- 2 EL Vollrohrzucker
- 2 EL Pinienkerne
- 1–2 TL Thymian (getrocknet)
- 1 TL Meer- oder Himalajasalz

ZUBEREITUNG

Pizzaboden mit Dinkelmehl nach Rezept herstellen.

1. Zwiebeln häuten, achteln und in Olivenöl 3–5 Minuten dünsten.

2. Alle weiteren Zutaten dazugeben und 2–3 Minuten reduzieren lassen.

3. Die Zwiebelmasse auf dem vorbereiteten Pizzaboden verteilen.

4. Backofen auf 200 °C vorheizen und die Pizza 20–25 Minuten backen.

Flammkuchen mit Zwiebeln und Oliven

ZUTATEN

Für den Teigboden:

- 200 g Reismehl
- 150 ml Wasser
- 1 TL Meer- oder Himalajasalz
- 2 EL Olivenöl

Für den Belag:

- 250 g Zwiebeln
- 2 EL Olivenöl
- 3 EL Mandelmus (weiß)
- 3 EL Wasser
- 1 TL Meer- oder Himalajasalz
- ✔ 2–3 Stängel Thymian (frisch)
- oder 1 TL Thymian (getrocknet)
- ✔ 10 schwarze Oliven (entsteint)

ZUBEREITUNG

1. Alle Zutaten für den Teigboden mit den Knethaken eines Rührgeräts in einer Rührschüssel zu einem homogenen Teig verarbeiten.

2. Teig auf einem mit Backpapier ausgelegten Backblech dünn ausrollen.

3. Backofen auf 220 °C vorheizen.

4. Zwiebeln häuten, halbieren, in dünne Scheiben schneiden und in einer Pfanne in Olivenöl 3–5 Minuten dünsten.

5. Mandelmus, Wasser und Salz dazugeben und einmal aufkochen lassen.

6. Den ausgerollten Teig mit der Zwiebelmasse bestreichen.

7. Thymian abzupfen.

8. Oliven in dünne Scheiben schneiden und mit dem Thymian auf der Zwiebelmasse verteilen.

9. Den Flammkuchen im vorheizten Backofen 15–20 Minuten backen. Er ist fertig, wenn er an den Rändern etwas Farbe bekommen hat.

TIPP Falls Sie kein Reismehl zur Verfügung haben, können Sie den Teig auch mit Dinkelmehl herstellen.

Zum Flammkuchen schmeckt ein grüner Blattsalat sehr gut.

GUT ZU WISSEN Viele Varianten dieses Rezepts sind möglich, etwa ein Belag nur mit Tomaten und/oder Frühlingszwiebeln.

Den Flammkuchen am besten vor dem Servieren mit frischem Thymian bestreuen.

Strudel mit Mangold

ZUTATEN

Für den Teig:

- 200 g Dinkelvollkornmehl
- 150 ml Wasser
- 2 EL Olivenöl
- 1 TL Meer- oder Himalajasalz

Für die Füllung:

- ✔ 300 g Möhren
- ✔ 300 g Mangold
- 50 g Zwiebeln
- 2 EL Olivenöl
- 1 TL Kräutersalz
- 1 TL Meer- oder Himalajasalz
- ¼ TL Muskatnuss (gerieben)
- 2 EL Mandelmus (weiß)

TIPP Zum Mangoldstrudel schmeckt sehr gut ein Feldsalat mit einem Essig-Öl-Dressing.

ZUBEREITUNG STRUDELTEIG

1. Alle Zutaten für den Teig in einer Rührschüssel mit den Knethaken eines Rührgeräts zu einem glatten Knetteig verarbeiten.

2. Backpapier mit etwas zusätzlichem Dinkelmehl bestreuen. Den Strudelteig darauf sehr dünn ausrollen, ca. 2-3 mm dick und 28x30 cm groß.

ZUBEREITUNG STRUDELFÜLLUNG

3. Möhren schälen und in kleine Würfel schneiden. Mangold putzen und in dünne Streifen schneiden.

4. Zwiebel häuten, klein schneiden und mit den Möhrenwürfeln und Mangoldstreifen in einer Pfanne in Olivenöl 10 Minuten dünsten.

5. Gewürze und Mandelmus einrühren. Die Gemüsemasse auf einer Hälfte des Strudelteiges verteilen. An den Rändern etwa 2-3 cm frei lassen.

6. Den Strudelteig vorsichtig, von der belegten Hälfte her, mithilfe des Backpapiers vollständig einrollen. Die Öffnungen des Strudels zum Verschließen etwas andrücken.

7. Den Mangoldstrudel im vorgeheizten Backofen bei 180 °C 35-40 Minuten backen.

ANSTELLE VON Mangold kann man für den Strudel 500 g frischen Blattspinat verwenden.

GUT ZU WISSEN Dieses Rezept ist eine Hauptspeise für zwei Personen oder eine Vorspeise für 4 Personen.

Buchweizen-Pfannkuchen

ZUTATEN

- 100 g Buchweizenmehl
- ½ TL Johannisbrotkernmehl (5 g)
- 250 ml Reisdrink (selbstgemacht, siehe Seite 138)
- ✔ 75 ml Mineralwasser
- 1 Prise Meer- oder Himalajasalz
- Kokosfett (ungehärtet) zum Backen der Pfannkuchen

ZUBEREITUNG

1. Alle Zutaten mit einem Schneebesen in einer Rührschüssel zu einem glatten Teig verrühren und 10-15 Minuten quellen lassen.

2. Etwas Kokosfett in einer Pfanne erhitzen. Jeweils eine Suppenkelle Teig in die Pfanne geben und die Pfannkuchen von beiden Seiten bei mittlerer Hitze nach und nach goldgelb backen.

3. Die fertig gebackenen Pfannkuchen im Backofen bei 50 °C warmhalten.

Spinat mit Cocktailtomaten

ZUTATEN

- ✔ 500 g Blattspinat (frisch)
- ✔ 250 g Cocktailtomaten
- 100 g Zwiebeln
- 2 EL Olivenöl
- 2 EL Mandelmus (weiß)
- 1 TL Meer- oder Himalajasalz

TIPP Der Spinat schmeckt auch sehr gut zu Salzkartoffeln oder Nudeln.

ZUBEREITUNG

1. Spinat verlesen und waschen. Tomaten putzen und waschen.

2. Zwiebeln häuten, klein schneiden und in einem Kochtopf in Olivenöl andünsten. Tomaten zu den Zwiebeln und den Spinat auf die Tomaten geben. Alles 8-10 Minuten dünsten.

3. Mandelmus und Salz in den Spinat einrühren und einmal aufkochen lassen.

4. Die Pfannkuchen mit dem Spinat servieren.

GUT ZU WISSEN Die Tomaten im Spinat werden weich, wenn sie zum Garen auf die Zwiebeln gegeben werden. Wenn der Spinat zusammengefallen ist, sind auch die Tomaten weich gedünstet.

TIPP Damit Sie den Mandeldrink schnell herstellen können, ist es ratsam, immer gehäutete Mandelkerne vorrätig zu haben.

Rezept Seite 138 **1**

Rezept Seite 139 **4**

5 Rezept Seite 139

6 Rezept Seite 139

Rezept Seite 138 **3**

Rezept Seite 138 **2**

GUT ZU WISSEN Die ungekochten Drinks sollten, damit sie nicht verderben, schnell verbraucht werden.

Mandeldrink (gekocht)

Foto Seite 136 **1**

ZUTATEN

- 100 g blanchierte Mandelkerne
- 1 l Wasser

ZUBEREITUNG

1. Mandelkerne in einer Moulinette o. Ä. fein zerkleinern. Mandelmehl und Wasser in einem Kochtopf mit einem Schneebesen verquirlen und unter Rühren aufkochen lassen.

2. Den Mandeldrink heiß in gereinigte Schraubgläser füllen und sofort verschließen.

Reisdrink (gekocht)

Foto Seite 137 **2**

ZUTATEN

- 50 g Reismehl
- 1 l Wasser

ZUBEREITUNG

1. Reismehl und Wasser in einem Kochtopf mit einem Schneebesen verquirlen und unter Rühren aufkochen lassen.

2. Den Reisdrink heiß in gereinigte Schraubgläser füllen und sofort verschließen.

Mandel- oder Cashewdrink (ungekocht)

Foto Seite 137 **3**

ZUTATEN

- 100 g blanchierte Mandelkerne oder Cashewkerne
- 1 l Wasser

ZUBEREITUNG

1. Mandel- oder Cashewkerne in einer Moulinette o. Ä. zu feinem Mehl zerkleinern.

2. Mandel- oder Cashewmehl und Wasser in ein hohes Gefäß geben und mit dem Stabmixer 2-3 Minuten verquirlen.

Mandelmus (hell)

Foto Seite 136 4

ZUTATEN

- 200 g blanchierte Mandelkerne
- 1 Prise Meer- oder Himalajasalz
- 50–75 ml Oliven- oder ein Nussöl

ZUBEREITUNG

1. Mandelkerne in einer Moulinette o. Ä. zerkleinern.

2. Salz dazugeben.

3. Öl nach und nach dazugeben, bis das Mus die gewünschte Konsistenz erreicht hat. Das Mandelmus in Schraubgläser füllen und verschließen.

Mandelmus (dunkel)

Foto Seite 136 5

ZUTATEN

- 200 g Mandelkerne
- 1 Prise Meer- oder Himalajasalz
- 50–75 ml Olivenöl

ZUBEREITUNG

1. Mandelkerne in einer Moulinette o. Ä. zerkleinern.

2. Salz dazugeben.

3. Öl nach und nach dazugeben, bis das Mus die gewünschte Konsistenz erreicht hat. Das Mandelmus in Schraubgläser füllen und verschließen.

Cashewmus

Foto Seite 137 6

ZUTATEN

- 200 g Cashewkerne
- 1 Prise Meer- oder Himalajasalz
- 30-50 ml Olivenöl

ZUBEREITUNG

1. Alle Zutaten in ein hohes Rührgefäß geben und mit dem Stabmixer fein pürieren. Das Cashewmus in Schraubgläser füllen und verschließen.

Pflanzlicher Mandelkäse (Rezept ergibt ca. 200 g Mandelkäse)

ZUTATEN

- 250 ml Mandeldrink (selbstgemacht, siehe Seite 138)
- 1 gehäufter TL Agar-Agar
- 1/2 TL Meer- oder Himalajasalz

ZUBEREITUNG

1. Alle Zutaten in einem kleinen Kochtopf aufkochen und 2 Minuten köcheln lassen.

2. Die Flüssigkeit in ein rechteckiges Gefäß füllen und abkühlen lassen, bis die Masse schnittfest geworden ist.

Pflanzlicher Cashewkäse (Rezept ergibt ca. 200 g Cashewkäse)

ZUTATEN

- 250 ml Cashewdrink (selbstgemacht, siehe Seite 138)
- 1 gehäufter TL Agar-Agar
- 1/2 TL Meer- oder Himalajasalz

ZUBEREITUNG

1. Cashewdrink vorbereiten. Den Drink mit Agar-Agar in einem kleinen Kochtopf unter Rühren 2 Minuten kochen lassen.

2. Die Flüssigkeit in ein hohes Wasserglas geben und abkühlen lassen, bis die Masse schnittfest geworden ist.

Pflanzlicher Pizzakäse (Rezept ergibt ca. 200 g Pizzakäse)

ZUTATEN

- 250 ml Mandeldrink (selbstgemacht, siehe Seite 138)
- ½ TL Meer- oder Himalajasalz
- ½ TL Oregano (getrocknet)
- ½ TL Thymian (getrocknet)
- 1 gehäufter TL Agar-Agar

ZUBEREITUNG

1. Alle Zutaten in einem kleinen Kochtopf unter Rühren aufkochen und 2 Minuten köcheln lassen.

2. Die Flüssigkeit in ein rechteckiges Gefäß füllen und abkühlen lassen, bis die Masse schnittfest geworden ist.

TIPP Die Flüssigkeit eventuell nach dem Abkühlen in den Kühlschrank stellen.

GUT ZU WISSEN Die Flüssigkeit wird erst schnittfest, wenn sie vollständig erkaltet ist.

Rezept Seite 144 **1**

Rezept Seite 145 **3**

Rezept Seite 144 **2**

4 Rezept Seite 145

7 Rezept Seite 147

6 Rezept Seite 146

Rezept Seite 146 **5**

8 Rezept Seite 147

Mangomus mit Cranberrys

 Foto Seite 142

ZUTATEN

- ✔ 300 g Mango (ca. 200 g Fruchtfleisch)
- • 1 TL Johannisbrotkernmehl (ca. 5 g)
- • 75 g Cranberrys (getrocknet)

. . . .

ZUBEREITUNG

1. Mango waschen, schälen und das Fruchtfleisch vom Kern abschneiden.

2. Das Fruchtfleisch klein schneiden, mit Johannisbrotkernmehl in ein hohes Rührgefäß geben und mit einem Stabmixer pürieren.

3. Cranberrys mit einem Löffel einrühren.

> **TIPP** Frische Mango sollte immer aus biologischem Anbau stammen und fair gehandelt worden sein.

> **GUT ZU WISSEN** Trockenfrüchte sollten ungeschwefelt und ungesüßt sein.

Erdbeermus mit Mangostreifen

 Foto Seite 142

ZUTATEN

- ✔ 50 g Mangostücke (getrocknet)
- • 3 EL Zitronensaft (frisch gepresst)
- • 3 EL Wasser
- ✔ 300 g Erdbeeren
- • 1 TL Johannisbrotkernmehl (5 g)

. . . .

ZUBEREITUNG

1. Mangostücke in Streifen schneiden und mit Zitronensaft und Wasser in einem kleinen Kochtopf 2 Minuten köcheln lassen.

2. Erdbeeren waschen, Stielansatz entfernen und in einer Moulinette o. Ä. zerkleinern.

3. Erdbeermasse in eine Schüssel geben und Johannisbrotkernmehl einrühren.

4. Die Mangomasse in das Erdbeermus einrühren. 15 Minuten ruhen lassen. Das Mus wird dadurch fester.

Beerenmus mit Birnendicksaft

 3 Foto Seite 142

ZUTATEN

- ✔ 300 g Beeren gemischt (z. B. Himbeeren, Brombeeren oder Blaubeeren)
- • 2 EL Birnendicksaft
- • 2 EL Zitronensaft (frisch gepresst)
- • 1 TL Johannisbrotkernmehl (5 g)

ZUBEREITUNG

1. Beeren putzen und in einer Moulinette o. Ä. zerkleinern.

2. Das Beerenmus mit den weiteren Zutaten in einer Schüssel verrühren und 10 Minuten ruhen lassen. Dadurch wird das Beerenmus fester.

Birnenmus mit Banane

 4 Foto Seite 142

ZUTATEN

- ✔ 1 Birne
- ✔ 1 Banane
- • 2 EL Erdmandelflocken
- • 2 EL Cashewkerne

ZUBEREITUNG

1. Birne waschen, halbieren und das Kerngehäuse entfernen.

2. Banane schälen und klein schneiden.

3. Alle Zutaten in einer Moulinette o. Ä. zu einem feinen Mus zerkleinern.

Tomatenaufstich

 5 Foto Seite 143

ZUTATEN

- 4 EL Zitronensaft (frisch gepresst)
- 4 EL Mandelmus (weiß)
- ✔ 5 getrocknete Tomaten in Olivenöl
- ca. 4 EL Wasser
- ½ TL Meer- oder Himalajasalz

· ·

ZUBEREITUNG

1. Alle Zutaten, bis auf das Wasser, in einer Mouli-nette o. Ä. zerkleinern oder in ein hohes Rührgefäß geben und mit dem Stabmixer pürieren.

2. Die Tomatenmasse in eine kleine Schüssel umfüllen und bis zur gewünschten Konsistenz Wasser dazu-geben.

> **TIPP** Basilikumblätter waschen, klein schneiden, zum Tomatenaufstrich geben und vorsichtig verrühren.

Paprikaaufstrich

 6 Foto Seite 143

ZUTATEN

- ✔ 500 g Paprikaschoten (rot)
- 100 g Walnusskerne
- 1 TL Kreuzkümmel
- 1 TL Meer- oder Himalajasalz
- 2 EL Zitronensaft (frisch gepresst)

· ·

ZUBEREITUNG

1. Paprika putzen, halbieren und mit der Schnitt-fläche nach unten auf ein mit Backpapier ausgelegtes Backblech legen. Im vorgeheizten Backofen bei 200 °C 15–20 Minuten rösten, bis die Haut dunkle Blasen wirft. Die Paprika aus dem Ofen nehmen, kurz abkühlen lassen und häuten.

2. Die gehäuteten Paprikahälften mit den weiteren Zutaten in einer Moulinette o. Ä. zu einer feinen Paste zerkleinern.

> **TIPP** In geeignete Schraubgläser gefüllt lassen sich die Aufstriche und Dips im Kühlschrank einige Tage aufbewahren.

Erdnussdip

7 **Foto** Seite 143

ZUTATEN

- 8 EL Olivenöl
- 4 EL Zitronensaft (frisch gepresst)
- 4 EL Erdnussmus (fein)
- ✔ 2 Stängel Petersilie
- ✔ 25 g gesalzene Erdnüsse

ZUBEREITUNG

1. Olivenöl, Zitronensaft und Erdnussmus in einer kleinen Schüssel verrühren.

2. Petersilie fein hacken und mit den Erdnüssen zur Erdnusscreme geben.

TIPP Schmeckt super zu Roter Bete aus dem Backofen, siehe Rezept auf Seite 83.

Grüner Brotaufstrich

8 **Foto** Seite 143

ZUTATEN

- 5 EL Kürbiskernöl
- 2 EL Zitronensaft (frisch gepresst)
- 2–3 EL Mandelmus (weiß)
- ✔ 1 Schalotte
- ✔ 1 Frühlingszwiebel
- ✔ 2–3 Stängel Petersilie
- 1 EL Walnusskerne oder Walnussbruch
- 1 EL Kürbiskerne
- ½ TL Meer- oder Himalajasalz

ZUBEREITUNG

1. Kürbiskernöl, Zitronensaft und Mandelmus in einer kleinen Schüssel verrühren.

2. Schalotte häuten und in sehr kleine Würfel schneiden.

3. Frühlingszwiebel putzen und in dünne Röllchen schneiden.

4. Petersilie fein hacken und mit den klein geschnittenen Zutaten zum angerührten Mandelmus geben.

5. Walnusskerne in einer Moulinette o. Ä. zerkleinern. Mit den Kürbiskernen und dem Salz zum Mandelmus geben. Alles gründlich verrühren.

5 Rezept Seite 153

2 Rezept Seite 150

1 Rezept Seite 150

4 Rezept Seite 151

Rezept Seite 151 **3**

Rezept Seite 153 **6**

Knabberstangen

 Foto Seite 148

ZUTATEN

- 250 g Dinkelvollkornmehl
- 1 Päckchen Trockenhefe
- 125 ml Wasser
- 2 EL Olivenöl
- ¼ TL Meer- oder Himalajasalz
- Olivenöl zum Bestreichen des Teiges
- 1–2 TL Koriandersamen
- 1–2 TL Kreuzkümmel

. . . .

ZUBEREITUNG

1. Alle Zutaten für die Knabberstangen mit den Knethaken eines Rührgeräts in einer Rührschüssel zu einem geschmeidigen Teig verarbeiten.

2. Den Teig auf einem mit Backpapier ausgelegten Backblech ausrollen und 15–20 Minuten gehen lassen.

3. In der Zwischenzeit Koriandersamen in einem Mörser grob zerstoßen.

4. Den Teig in 2 cm breite Streifen schneiden, mit Olivenöl bestreichen und mit Koriander oder Kreuzkümmel bestreuen. Im vorgeheizten Backofen bei 180 °C ca. 30 Minuten backen.

Kichererbsenkräcker

 Foto Seite 148

ZUTATEN

- 300 g Kichererbsenmehl (geröstet)
- ✔ 200 g Leinsamenschrot
- 2 TL Meer- oder Himalajasalz
- 300 ml Wasser

. . . .

ZUBEREITUNG

1. Alle Zutaten für die Kichererbsenkräcker in eine Rührschüssel geben und mit einem Holzlöffel zu einem zusammenhängenden Teig verrühren.

2. Zwei Backbleche mit Backpapier auslegen. Den Teig esslöffelweise aufs Backpapier setzen, diesen mit angefeuchteten Fingern zu ca. 3 mm dicken, runden Talern auseinanderdrücken.

3. Die Teigtaler im vorgeheizten Backofen bei 160 °C ca. 35 Minuten backen.

> **TIPP** Die Kräcker und Brottaler lassen sich gut lagern und sind zu einer Suppe eine leckere Beilage. Sie schmecken auch sehr gut mit verschiedenen herzhaften Brotaufstrichen und eignen sich zum Knabben für zwischendurch.

> **TIPP** Mit einer Getreidemühle lässt sich Leinsamen vor dem Gebrauch zu Schrot mahlen.

Knäckebrottaler

 Foto Seite 149

ZUTATEN

- 150 g Mandelkerne
- 100 g Walnusskerne
- 250 g Leinsamen
- 2 TL Meer- oder Himalajasalz
- 250 ml Wasser

. . . .

ZUBEREITUNG

1. Mandel- und Walnusskerne sowie Leinsamen in einer Moulinette o. Ä. zerkleinern.

2. Alle Zutaten in eine Rührschüssel geben und mit einem Holzlöffel zu einem zusammenhängenden Teig verrühren.

3. Zwei Backbleche mit Backpapier auslegen. Den Teig esslöffelweise aufs Backpapier setzen, diesen mit angefeuchteten Fingern zu ca. 3 mm dicken, runden Talern auseinanderdrücken.

4. Die Teigtaler im vorgeheizten Backofen bei 160 °C ca. 35 Minuten backen.

Dinkelvollkornbrot

 Foto Seite 149

ZUTATEN

- 600 g Dinkelvollkornmehl
- 1 Päckchen Trockenhefe
- 400 ml Wasser
- 2 EL Öl
- 1 TL Meer- oder Himalajasalz

. . . .

ZUBEREITUNG

1. Alle Zutaten mit den Knethaken eines Rührgeräts in einer Rührschüssel in 3–5 Minuten zu einem glatten, geschmeidigen Hefeteig verarbeiten.

2. Den Teig an einem warmen Ort stehen lassen, bis sich sein Volumen um etwa ein Drittel vergrößert hat.

3. Den aufgegangenen Teig kurz durchkneten, in eine gefettete Kastenform füllen und den Teig nochmals um ein Drittel aufgehen lassen.

4. Den Teig im vorgeheizten Backofen bei 180 °C 50–60 Minuten backen.

Brötchen – schnell & einfach

 5 Foto Seite 148

ZUTATEN

- 500 g Dinkelvollkornmehl
- 1 Päckchen Trockenhefe
- 350 ml Wasser
- 1 EL Agavendicksaft
- 2 EL Olivenöl
- 1 TL Meer- oder Himalajasalz

. . . .

ZUBEREITUNG

1. Backofen auf 50 °C vorheizen.

2. Alle Zutaten mit den Knethaken eines Rührgeräts in einer Rührschüssel in 3-5 Minuten zu einem glatten, geschmeidigen Hefeteig verarbeiten.

3. Den Teig in 8 gleich große Stücke teilen. Diese mit angefeuchteten Händen zu Kugeln formen und auf ein mit Backpapier ausgelegtes Backblech setzen, etwas flach drücken und mit einem Messerrücken einkerben.

4. Die Brötchen im vorgeheizten Backofen bei 50 °C 10 Minuten gehen lassen.

5. Den Backofen nach 10 Minuten auf 180 °C einstellen und die Brötchen ca. 25 Minuten backen.

Dinkel-Thymian-Baguette

 6 Foto Seite 149

ZUTATEN

- 600 g Dinkelvollkornmehl
- 1 Päckchen Trockenhefe
- 400 ml Wasser
- 2 EL Olivenöl
- 1 TL Meer- oder Himalajasalz
- 1 TL Thymian (getrocknet)

. . . .

ZUBEREITUNG

1. Alle Zutaten mit den Knethaken eines Rührgeräts in einer Rührschüssel in 3-5 Minuten zu einem glatten, geschmeidigen Hefeteig verarbeiten.

2. Den Teig an einem warmen Ort stehen lassen, bis sich sein Volumen um etwa ein Drittel vergrößert hat.

3. Den aufgegangenen Teig kurz durchkneten und in zwei Hälften teilen.

4. Jede Hälfte zu einer 5 cm dicken Rolle formen und auf ein mit Backpapier ausgelegtem Backblech setzen.

5. Im vorgeheizten Backofen bei 180 °C 40-45 Minuten backen. Das Baguette vor dem Servieren auskühlen lassen.

Rezept Seite 156 **1**

Rezept Seite 156 **2**

Rezept Seite 157 **3**

4 Rezept Seite 157

Nussbrot

Foto Seite 154 1

ZUTATEN

- 50 Cashewkerne
- 350 ml Wasser
- 300 g Dinkelvollkornmehl
- 200 g Hirsemehl
- 1 TL Johannisbrotkernmehl (ca. 5 g)
- 1 Päckchen Trockenhefe
- 1 TL Meer- oder Himalajasalz
- 50 ml Agavendicksaft
- ✔ 150 g gemischte Nusskerne
- 100 g Cranberrys
- 100 g Pflaumen (getrocknet)

ZUBEREITUNG

1. Cashewkerne und Wasser in eine hohe Rührschüssel geben und mit einem Stabmixer pürieren.

2. Dinkel-, Hirse- und Johannisbrotkernmehl sowie Hefe, Salz und Agavendicksaft in eine Rührschüssel geben.

3. Cashewdrink dazugeben und mit den Knethaken eines Rührgeräts in 3-5 Minuten zu einem geschmeidigen, glatten Hefeteig kneten.

4. Kerne und Trockenfrüchte zum Teig geben und noch eimal alles gut kneten. Den Teig in eine mit Backpapier ausgelegte Kastenform füllen und an einen warmen Ort stellen, bis sich sein Volumen um etwa ein Drittel vergrößert hat.

5. Den Teig im vorgeheizten Backofen bei 180 °C 50-60 Minuten backen.

Reisbrot

  Foto Seite 154 2

ZUTATEN

- 450 g Reisvollkornmehl
- 50 g Kartoffelmehl
- 1 TL Meer- oder Himalajasalz
- 1 EL Johannisbrotkernmehl (ca. 10 g)
- 1 Päckchen Tockenhefe
- 450 ml Reisdrink (lauwarm)
- 1 TL Reissirup
- 1 TL Apfelessig
- 2 EL Olivenöl

ZUBEREITUNG

1. Alle Zutaten in eine Rührschüssel geben und mit den Knethaken eines Rührgeräts in 3–5 Minuten zu einem glatten, geschmeidigen Hefeteig kneten.

2. Den Teig in eine mit Backpapier ausgelegte Kastenform füllen und an einen warmen Ort stellen, bis sich sein Volumen um etwa ein Drittel vergrößert hat.

3. Den Teig im vorgeheizten Backofen bei 180 °C 50-60 Minuten backen.

TIPP Jedes selbstgebackene Brot sollte vor dem Anschneiden vollständig ausgekühlt sein.

Toastbrot

Foto Seite 155 **3**

ZUTATEN

- 250 g Dinkelvollkornmehl
- 250 g Hirsemehl
- 1 Päckchen Trockenhefe
- 1 TL Johannisbrotkernmehl (ca. 5 g)
- 1 TL Meer- oder Himalajasalz
- 350 ml Mandel- oder Reisdrink
- 1 EL Reissirup
- 2 EL Olivenöl

ZUBEREITUNG

1. Alle Zutaten in eine Rührschüssel geben und mit den Knethaken eines Rührgeräts zu einem glatten, geschmeidigen Hefeteig kneten.

2. Den Teig in eine mit Backpapier ausgelegte Kastenform füllen und an einen warmen Ort stellen, bis sich sein Volumen um etwa ein Drittel vergrößert hat.

3. Den Teig im vorgeheizten Backofen bei 180 °C 50 Minuten backen.

4. Das Brot auskühlen lassen, in Scheiben schneiden und toasten.

Kerniges Vollkornbrot

Foto Seite 155 **4**

ZUTATEN

- 500 g Dinkelvollkornmehl
- 1 Päckchen Trockenhefe
- 1 EL Meer- oder Himalajasalz
- 350 ml Wasser
- 1 EL Agavendicksaft
- 75 g Buchweizenkörner
- 75 g Sonnenblumenkerne
- 75 g Leinsamen
- 2 EL Olivenöl

ZUBEREITUNG

1. Mehl, Hefe und Salz sowie Wasser und Agavendicksaft in eine Rührschüssel geben und mit den Knethaken eines Rührgeräts zu einem glatten, geschmeidigen Hefeteig kneten.

2. Den Teig an einen warmen Ort stellen, bis sich sein Volumen um etwa ein Drittel vergrößert hat.

3. Buchweizenkörner, Sonnenblumenkerne, Leinsamen und Olivenöl zum gegangenen Teig geben und noch einmal durchkneten.

4. Den Teig in eine mit Backpapier ausgelegte Kastenform füllen und im vorgeheizten Backofen bei 180 °C 55–60 Minuten backen.

1 Rezept Seite 160

Rezept Seite 161 **2**

Rezept Seite 160 **3**

4 **Rezept** Seite 161

Kräcker mit getrockneten Braunhirsekeimlingen

Foto Seite 158 **1**

ZUTATEN

- 100 g Walnusskerne
- 100 g Braunhirsekeime (getrocknet)
- 100 g Leinsamen
- 1 TL Meer- oder Himalajasalz
- 150 ml Wasser

ZUBEREITUNG

1. Walnusskerne, Braunhirsekeimlinge und Leinsamen nach und nach in einer Moulinette o. Ä. zerkleinern und in eine Rührschüssel geben.

2. Salz und Wasser hinzufügen und mit einem Holzlöffel zu einem Teig verrühren.

3. Den Teig auf einem mit Backpapier ausgelegten Backblech 3 mm dick ausrollen.

4. Einen Teigschaber mit Wasser befeuchten und den Teig damit in Rechtecke teilen.

5. Die Rechtecke auf dem Backblech nochmals diagonal halbieren und im vorgeheizten Backofen bei 160 °C 35–40 Minuten backen.

Gerstenfladen mit Hefe

 Foto Seite 159 **3**

ZUTATEN

- 250 g Gerste (fein gemahlen)
- ½ Päckchen Trockenhefe
- 2 EL Olivenöl
- 1 TL Meer- oder Himalajasalz
- 150 ml Wasser
- 1 EL Leinsamen

ZUBEREITUNG

1. Alle Zutaten außer Leinsamen mit den Rührhaken eines Rührgeräts zu einem glatten, geschmeidigen Hefeteig verrühren.

2. Ein Backblech mit Backpapier auslegen.

3. Den Teig auf dem Backpapier zu einem ca. 1,5 cm dicken Fladen ausrollen und 15 Minuten gehen lassen.

4. Den Teigfladen dünn mit Olivenöl bestreichen. Leinsamen darüberstreuen und im vorgeheizten Backofen bei 180 °C 20–25 Minuten backen.

> **TIPP** Falls Sie kein Gerstenmehl zur Verfügung haben, können Sie für dieses Rezept auch Dinkelvollkornmehl verwenden.

Knabberstangen mit Reismehl

 Foto Seite 158 **2**

ZUTATEN

- 250 g Reismehl
- 1 Päckchen Trockenhefe
- 150 ml Wasser
- 2 EL Olivenöl
- 1 Msp. Meer- oder Himalajasalz

Zum Bestreuen der Knabberstangen:

- Olivenöl zum Bestreichen des Teiges
- 1 TL Meer- oder Himalajasalz (grob)
- 1–2 TL Sesam (natur)

ZUBEREITUNG

1. Alle Zutaten für die Knabberstangen in eine Rührschüssel geben und mit den Knethaken eines Rührgeräts zu einem glatten, geschmeidigen Hefeteig kneten.

2. Den Teig auf einem mit Backpapier ausgelegten Backblech ausrollen und 15 Minuten gehen lassen.

3. Den Teig mit einem Backrädchen in zwei Hälften teilen. Jede Hälfte in 2 cm breite Streifen schneiden und mit Olivenöl bestreichen.

4. Die Hälften mit Salz oder Sesam bestreuen und im vorgeheizten Backofen bei 180 °C ca. 30 Minuten backen.

> **TIPP** Die Knabberstangen sollten nicht zu dunkel gebacken werden.

Leinsamenkräcker

  Foto Seite 159 **4**

ZUTATEN

- 75 g Pinienkerne
- 225 g Gold-Leinsamen
- 1 TL Meer- oder Himalajasalz
- 100 ml Wasser

ZUBEREITUNG

1. Pinienkerne und Gold-Leinsamen in einer Moulinette o. Ä. zerkleinern und in eine Rührschüssel geben.

2. Salz und Wasser hinzufügen und alles mit einem Holzlöffel zu einem Teig verrühren.

3. Den Teig auf einem mit Backpapier ausgelegten Backblech ca. 3 mm dick ausrollen. Einen Teigschaber mit Wasser befeuchten und den Teig damit in Rechtecke teilen.

4. Die Leinsamenkräcker im vorgeheizten Backofen bei 160 °C 35–40 Minuten backen.

Tipps zur Nutzung dieses Kochbuchs

Schmecken Sie jedes Gericht vor dem Servieren ab, um festzustellen, ob es Ihrem individuellen Geschmack entspricht.

Wir benutzen häufig den Begriff „dünsten". Er bedeutet, dass das Kochgut, zum Beispiel Zwiebeln, in Olivenöl erhitzt wird, ohne es zu bräunen. Während des Dünstens kann es notwendig werden, etwas Flüssigkeit zum Kochgut dazuzugeben. Dünsten ist eine nährstoffschonende Garmethode.

Bei der Angabe der Backtemperatur und Backdauer sind wir von einem Backofen mit Umluft und gutem Backverhalten ausgegangen. Passen Sie gegebenenfalls die Backtemperatur und die Zeit an Ihren Herd an.

In unserem Putz-ABC, siehe Seite 18, erklären wir, wie man Gemüse, Salate, Kräuter sowie Obst für die jeweiligen Gerichte vorbereitet. Dieser Vorgang wird in den Rezepten mit dem Begriff „putzen" beschrieben.

Die durchschnittliche Zubereitungsdauer für die vorliegenden Rezepte beträgt zwischen 30 und 50 Minuten. Rezepte mit deutlich längerer Zubereitungszeit sind mit dem Symbol 🕐 gekennzeichnet.

Legende

✔ Zutaten, die frisch gekauft werden sollten

● Zutaten, die im Vorrat vorhanden sein sollten

➊ ➋ ➍ Rezeptmenge für 1, 2 oder 4 Personen

🌾 Das Rezept ist glutenfrei

🕐 Das Rezept benötigt längere Vorbereitung

TL – Teelöffel	EL – Esslöffel	Msp. – Messerspitze
g – Gramm	kg – Kilogramm	
ml – Milliliter	l – Liter	

Hilfreiche Küchenutensilien

Folgende Utensilien sollten in Ihrer Küche vorhanden sein:

- verschiedene Messer
- ein Schneidebrett
- verschiedene Schüsseln
- verschiedene Edelstahltöpfe
- ein größerer und ein kleiner beschichteter Kochtopf
- verschiedene Pfannen
- eine größere und eine kleinere Auflaufform
- eine hohe Rührschüssel
- ein Schneebesen
- ein Pfannenwender
- ein Holzlöffel
- ein Kartoffelstampfer
- ein Schaumlöffel
- ein größeres Sieb
- eine Salatschleuder
- ein Sparschäler
- eine Gemüsereibe
- ein Gemüsehobel
- eine Küchenwaage
- eine Zitruspresse
- ein Messbecher
- eine Backform zum Brotbacken
- ein Handrührgerät mit Knet- und Rührhaken
- ein Stab- oder Standmixer
- eine Moulinette o. Ä. Zerkleinerer
- ein Spirali o. Ä. Spiralschneider
- sehr empfehlenswert: eine Getreidemühle

Empfohlener Vorrat

Grundnahrungsmittel und Haltbares

- Apfelessig
- Gemüsebrühe (gekörnt, hefefrei)
- Kartoffeln
- Mandelmus (weiß, braun)
- Senf (mittelscharf)
- Tomatenmark
- Zitronen
- Zwiebeln/Schalotten

Trockenfrüchte

- Aprikosen
- Cranberrys
- Datteln
- Pflaumen
- Rosinen

Getreide als Körner oder Mehl (Vollkorn)

- Buchweizen
- Buchweizenmehl
- Dinkelmehl
- Gerste
- Kichererbsenmehl, geröstet
- Vollkornreis (Rundkorn)
- Reismehl
- Hirse
- Hirsemehl
- Quinoa

Getreideflocken (Vollkorn) und Nahrungsergänzung

- Braunhirseflocken
- Braunhirsekeimlinge
- Erdmandelflocken
- Dinkelflocken
- Haferflocken
- Hirseflocken

- Reisflocken
- Traubenkernmehl

Samen/Saaten für Sprossen und Keimlinge

- Alfalfa (Keimlinge, getrocknet)
- Bockshornklee
- Kichererbsen
- Linsen
- Radieschen
- Rote Bete
- Rotklee

Backzutaten

- Johannisbrotkernmehl
- Kartoffelmehl
- Trockenhefe

Öle (kaltgepresst) und Fette (ungehärtet)

- Erdnussöl
- Kokosfett
- Kürbiskernöl
- Leinöl
- Olivenöl
- Sonnenblumenöl

Süßungsmittel

- Agavendicksaft
- Apfeldicksaft
- Birnendicksaft
- Reissirup
- Vollrohrzucker (unraffiniert)

Saaten und Kerne

- Cashewkerne
- Kürbiskerne
- Leinsamen (Goldsaat)
- Pinienkerne

- Mandelkerne (ungeschält)
- Mandelkerne (blanchiert)
- Sesam
- Sonnenblumenkerne

Rein pflanzliche Drinks

- Mandeldrink
- Reisdrink

Gewürze und Kräuter (getrocknet)

- Bockshornklee (gemahlen)
- Bourbon-Vanille (gemahlen)
- Chilischoten/Chiliflocken (getrocknet)
- Chilipulver
- Cuminpulver
- Currypulver
- Gemüsebrühe (gekörnt, hefe- und glutenfrei)
- Kardamon (gemahlen)
- Koriander (gemahlen)
- Koriandersamen
- Kräuter der Provence
- Kräutersalz
- Kreuzkümmel (ganz)
- Kurkumapulver
- Majoran
- Muskatnuss (als ganze Nuss oder gemahlen)
- Meer- oder Himalajasalz
- Oregano
- Paprikapulver
- Pfeffer (gemahlen, weiß und schwarz)
- Pfeffer (grob aus der Mühle)
- Rosmarin
- Schwarzkümmel (ganz)
- Thymian
- Zimt (gemahlen)

Impressum

Vegetarisch Pur. Laktosefrei, eifrei, weizenfrei, sojafrei.
101 Rezepte auch glutenfrei. Alle Rezepte vegan.

© 2015 VND | Verlag Neue Dimensionen
www.verlag-neuedimensionen.de
E-Mail: info@verlag-neuedimensionen.de

Alle Rechte vorbehalten. Für weitere Informationen und zur
Verbreitung z. B. durch Theater, Funk, Fernsehen sowie andere
Kommunikationsmittel wenden Sie sich bitte an den Verlag.

Autoren: KOCHWERTE-Autorengruppe
Rezeptentwicklung: Birgit Wäschenbach
Layout & Fotos: Matthias Hensel, www.hensel-marketing.de
Lektorat: Inga Beißwänger, www.dasgepflegtewort.de
Druck: Stürtz GmbH Druck- und Mediendienstleistungen

ISBN 978-3-941580-80-0
2., überarbeitete Auflage 2015

Alle fotografierten Gerichte sind nach den vorliegenden Rezepten
von der KOCHWERTE-Autorengruppe selbst zubereitet worden.

Die Anregungen in diesem Buch wurden von der KOCHWERTE-
Autorengruppe mit größter Sorgfalt erstellt und geprüft.
Keinesfalls ersetzen sie jedoch kompetenten medizinischen Rat.
Zudem gilt: Jeder sollte für sein Handeln die Verantwortung stets
selbst übernehmen. Eine Haftung von Autorengruppe und/oder
Verlag für Personen-, Sach- und Vermögensschäden ist ausge-
schlossen und kann daher nicht übernommen werden.

Danke!

Herzlichen Dank an alle, die dazu beigetragen
haben, dass dieses Kochbuch entstehen konnte.

Bei Pina möchte ich mich für das schöne
KOCHWERTE-Herz bedanken.

Matthias gebührt mein spezieller Dank, weil
er es neben vielen anderen Projekten geschafft
hat, dieses Buch für die Druckerei vorzubereiten.
Danke für Deine Unterstützung in allen Bereichen,
für das geschmackvolle Layout und die wunder-
schönen Bilder!

Unsere Lektorin Inga Beißwänger hat für die
vorliegende 2. Auflage das Vorwort aktualisiert,
allen Texten den letzten Feinschliff gegeben und
wichtige Punkte herausgearbeitet. Vielen Dank
für die angenehme Zusammenarbeit!

Mein größter Dank gilt dem Koch-Engel Birgit.

Danke, liebe Birgit, für Deinen Einsatz und
Deinen guten Geschmack! Und dafür, dass Du
für dieses Projekt jederzeit da warst, die Gerichte
für die Fotos zubereitet und so schön arrangiert
hast. Gegenseitig haben wir uns darin bestärkt,
dieses Kochbuch zu entwickeln und heraus-
zubringen. Ich bin sehr froh darüber, dass wir
dabei ganz und gar unserem inneren Auftrag
und unserem Herzen folgen konnten.

Renate Kerner,
Verlegerin